KB149396

교육 대전환,
리더에게 묻다

교육 대전환, 리더에게 묻다

초판 1쇄 펴낸날 | 2022년 3월 3일

지은이 | 박상희 · 조희연 · 반상진 · 나영돈 · 강대중 · 김진경 · 윤상민
펴낸이 | 김성수
펴낸곳 | (사)한국방송통신대학교출판문화원
　　　　03088 서울시 종로구 이화장길 54
　　　　전화　1644-1232
　　　　팩스　02-741-4570
　　　　홈페이지　http://press.knou.ac.kr
　　　　출판등록　1982년 6월 7일 제1-491호

출판위원장 | 이기재
편집 | 신경진
본문 디자인 | 티디디자인
표지 디자인 | 플러스

ⓒ 박상희 · 조희연 · 반상진 · 나영돈 · 강대중 · 김진경 · 윤상민 · KNOU위클리, 2022
ISBN　978-89-20-04276-8　03370

값 16,000원

박상희

조희연

반상진

나영돈

강대중

김진경

윤상민 지음

KNOU위클리 기획

교육 대전환,
리더에게 묻다

지식의날개

차례

윤 상 민
〈KNOU위클리〉 기자

경북 포항 출생. 성균관대, 프랑스 몽펠리에 3대학과 엑스 마르세
유 1대학에서 석사 학위를 받았다. SBS 창사특집 4부작 다큐멘터
리 '최후의 바다, 태평양'의 통번역 및 프렌치 폴리네시아 현지 코
디네이터를 맡았고, 〈교수신문〉, 〈뉴스컬처〉, 〈르몽드 디플로마
티크 한국어판〉, 〈아주경제〉에서 기자 생활을 했다. 한국문화예
술위원회 2016 연극 부문 우수 리뷰에 선정된 바 있고, 공저로
『한국 근현대사 역사의 현장 40곳』(후마니타스)이 있다. 사람 만나
기를 좋아하고, 이야기 듣기는 더 좋아한다. 언젠가는 사람들 기억
속에 한 시절의 추억으로 남을 '인생 영화'를 만든다는 꿈이 있다.
cinemonde@daum.net

서문

코로나19 이후 한국 교육은 어떤 방향으로 나아가야 할까. 그리고 유아부터 실버 세대에 이르기까지 전 생애 주기별로 어떻게 공부해야 할까. 이와 관련해서 우리나라 교육을 책임지고 있는 대표 기관장들의 생각을 들어보는 기획을 마련했다. 분야는 유아교육, 초·중등교육, 고등교육, 재취업·직업교육훈련, 평생교육 그리고 국가교육까지 총 6개로 구분했다.

인터뷰 일부를 〈KNOU위클리〉에 게재하고, 전체 부분은 심층 취재해서 보강했다. 그러니까 이 책은 코로나19로 가장 힘든 시기였던 2020년부터 2022년 현재까지 교육 현장의 최전선에서 있었던, 그리고 지금도 고군분투하고 있는 교육 관련 공공기관장들의 교육 현안과 향후 구상에 관한 이야기이다. 이렇다 보니 치열한 사적 현실과 맞지 않을 수 있다는 비판이 제기될 수도 있겠다.

하지만 국가 교육 정책을 주도하고 있는 리더들의 의견을 들어보고 정확하게 전할 수 있다면, 더 생산적인 비판이 나올 수 있지 않을까 하는 생각으로 인터뷰를 준비했다.

또한, 기획을 하고 질의서를 구성하며 분야별로 중복되는 질문이 없도록 최대한 노력했지만, 결국 겹치는 질문도 있었음을 고백한다. 유아교육부터 평생교육까지 분야별 관심사가 다르다는 점을 분명히 하고 접근했지만, 교육이라는 테두리 안에서 씨줄과 날줄처럼 마주치는 영역들이 존재했다. 예를 들면, 대학 입시 제도의 경우 고등교육 분야뿐 아니라 초·중등교육, 평생교육 더 나아가 국가교육의 방향을 논의할 때 매번 등장하지 않을 수 없었다. 게다가 우리 교육의 현주소는 모두 대학 입시로 수렴하고 있지 않은가. 사실 교육부 출입기자 사이에서 한국 교육의 미래를 말할 때 '대학 입시'는 금기어이다. 블랙홀처럼 모든 이슈를 빨아들이기 때문이다. 이뿐만이 아니다. 재취업·직업교육훈련 분야에서도 전문대 역할을 짚을 수밖에 없었기에 고등교육 분야와 겹쳤고, 국가교육의 방향을 말하는 6장에서도 거론할 수밖에 없었다. 그나마 다행스러운 건 현행 그리고 지금까지 존재했던 대학 입시 방식에 대한 문제의식은 동일했으며, 해법은 다양했으나 큰 맥락에서 일관된 방향을 지향하고 있다는 점이다.

2021년 5월, 어렴풋한 생각으로 첫 인터뷰를 시작했다. 1장 유아교육 분야에서 만난 박상희 육아정책연구소장은 코로나19 전후로 바뀐 가족의 의미를 짚어 주었다. 코로나19 시국에 재택근무를 하게 된 젊은 부부들이 호소하는 '부모교육'의 중요성도 강조했다. 아이에게 태블릿을 쥐여 주는 죄책감에서 벗어나라는 조언은 기자에게도 유용했다. 보육교사의 자격관리와 친권주의 뒤에 숨은 아동학대의 현실 그리고 공영형 유치원에 대한 정책적 제안은 매우 실질적이었다. 하지만 인터뷰에서 가장 기억에 남는 건 우리가 불안감 때문에 아이들을 직선형 인생으로 키우고 있다는 지적이었다. 모두 똑같이 살면서 빨리 죽으려는 경주를 하는 것 같다는 박 소장의 말에 머리를 한 대 맞은 듯했다. 그가 제안하는 '나선형 인생'과 '레이트 블루머'는 그런 면에서 두 아이의 아빠인 기자에게 피가 되고 살이 되는 조언이었다.

2장 초·중등교육 분야에서 만난 조희연 서울특별시교육감은 코로나19가 초래한 학교 현장의 문제점을 보다 구체적으로 짚어 주었다. 준비되지 않은 상황에서 온라인·원격교육으로 전환하면서 교사, 학생, 학부모가 겪었던 현실과 모든 아이들이 교육에서만은 차별당하지 않도록 '정의로운 차등'을 실천하고자 밀어붙였던 전면등교 정책 뒷이야기까지. 2025년 전면 시행을 앞둔 고교학점제를 어떻게 추진하고 있는지 그 아이디어의 단면도 확인할 수 있었다. 마치 교도소 공간과 흡사하다는 지적을 받은 학교 공간에 대해 조 교육감은 '모교에 투자해 달라'는 대담한 제안을 하기도 했다. 학교에 기부한다고 하면 으레 대학에 한다고 생각하는데, 출신 초·중·고등학교에 기부를 못할 이유가 무엇인가? 후배들에게 공상의 나래를 펼칠 새로운 공간을 만들어 줄 수 있다면 말이다.

3장 고등교육 분야에서 만난 반상진 전북대 교육학과 교수는, 코로나가 한국을 덮친 2020년에 한국교육개발원장으로 재직했다. 인터뷰이 중 유일하게 전직 기관장이다. 평소 국공립대통합네트워크를 주창했기에, 코로나19가 드러낸 허약한 대학 구조에 대해 자세한 이야기를 들을 수 있었다. 벚꽃 피는 순서로 대학이 소멸한다는 흉흉한 풍문에 대해서 반 교수는 가만히 둔다면 당연히 그렇게 될 것이라고 답했다. 그렇게 되지 않기 위해 지방대에 더 투자해야 하고, 그 이전에 대학과 교수 사회의 자정이 선행되어야 한다고 강조했다. 무크(Mooc), 코세라(Coursera)로 학위를 받을 수 있는 시대가 오더라도, 좋은 대학을 더 짓는 것이 국가의 의무라고까지 단언했다. 포스코 사례를 통해 지역대에 투자하는 일이 어떻게 지역을 살리는지까지 실증해 내는 것을 보면서 의무

교육은 대학으로까지 확대되어야 한다는 생각에 동의하지 않을 수 없었다. 물론 그 대학이 어떤 형태인지는 아직 확실하지 않지만 아이디어만으로도 기대하게 된다.

4장 재취업·직업교육훈련 분야에서 만난 인터뷰이는 나영돈 한국고용정보원장이다. 6명의 인터뷰이 중 유일하게 교육 관련 기관장이 아니다. 인터뷰 섭외를 하고 만났더니, 고용노동부 출입 시절에 한 번 바람을 맞혔던 사실을 지적한 놀라운 기억력의 소유자여서 당황하기도 했다. 나 원장은 코로나19로 고용시장이 기술구조, 인구구조 측면에서 변화했다고 분석했다. 고령화 저출산 시대에 고령자 고용대책과 임금체계, 외국인 노동자 처우에 대한 문제를 입체적으로 설명하기도 했다. 또한 재택근무는 미래 노동 형태의 표준이 될 것이라고 전망했다. 나 원장은 인터뷰 내내 재취업·직업교육훈련의 주체 기관은 특성화고와 전문대가 되어야 한다고 주장했다. 인공지능(AI) 인력도 전문대에서 양성해야 하며, 전문대-산업계의 공조는 지금보다 훨씬 더 긴밀해야 한다고 제안했다. 미래 직업에서는 '무엇을 아는가'보다 '무엇을 할 수 있는가'가 중요하다는 지적도 했다. 사실 이보다 더 눈길을 끄는 것은 선진국의 재취업·직업교육훈련 사례였다. 프랑스에서 박사를 하면서 OECD 거시지표보다 20년 이상 되는 지역별 사례 중심

미시 지표에 주목하는 연구 풍토에 충격을 받았다고 했다. 모든 정책을 중앙집권식, 톱다운 방식으로 진행하는 우리나라에 시사하는 바가 적지 않았음을 토로했다.

5장 평생교육 분야에서는 〈문화일보〉 기자 출신이기도 한 강대중 국가평생교육진흥원장을 만났다. 사실 강 원장을 만나기 전 지자체에서 진행하는 평생교육 프로그램 중 쉽게 접할 수 있는 꽃꽂이나 노래교실 등이 과연 평생교육의 범주에 들어가는지 의문이 있었다. 그런데 강 원장은 이를 노동자를 양성해 내는 산업화 시대의 교육이 빚어낸 '결핍'의 해소로 읽어 냈다. 신선한 분석이었다. 또한 읽고 쓰지 못하는 성인이 200만 명이라는 사실에 놀랐다. 초등학교 6학년 수준에 미치지 못하는 이를 포함하면 580만 명, 은행에서 대출상품 비교가 어려운 이까지 포함하면 889만 명이라는 수치를 확인하며, 성인 문해력 교육이 국가적 사명인 이유를 한 번 더 절감했다. 강 원장은 인터뷰에서 줄곧 학교 중심교육에서 평생학습사회로 전환을 강조했다. 그러기 위해서는 학교가 지금보다 더 문을 열고 지역 주민을 받아들여야 한다고 주장했다. 결국 학교를 중심으로 아이들과 지역 주민이 교육 프로그램으로 어우러질 수 있을 때, 지역이 살아날 수 있다는 설명이었다. 더불어 필요할 때마다 꺼내 쓸 수 있는 '평생학습기금'

과 10년 일하면 1년 공부할 수 있는 '유급학습휴가제도' 제안은 그야말로 솔깃했다.

마지막 6장에서는 유아교육부터 평생교육까지 전체를 아우르는 질문을 던지기 위해 김진경 국가교육회의 의장을 만났다. 2시간이 넘는 강행군 인터뷰에도 그의 말은 일관된 속도와 긴장을 유지했고 눈은 반짝였다. 해직 교사로 학교 현장에 복직하기까지 5년, 그 사이에 변해버린 아이들에게서 '정신력을 중시하는 산업화 세대'와 '몸에 가치를 부여하는 신세대'의 갈등을 목도한 그는 적극적으로 교육정책에 목소리를 내 왔다. 김 의장이 제안한 일주일에 하루를 학교 밖에서 자기가 짠 커리큘럼으로 공부하는 '행복한 지(地)요일'은 고교학점제의 성공을 가늠할 바로미터였다. 조희연 교육감이 미래교실의 모습으로 자신 있게 제안한 서울 창덕여중을 시간 배분의 관점에서 지적한 부분도 흥미로웠다. '선수 축구'를 언급하며 포스트 코로나 시대에는 학교와 지역사회가 연계해야만 한다는 주장은 인터뷰 내내 이어졌다. 서울대와 지방대가 다르지 않다는 주장도 경청할 만하다. 그의 제안을 풀어 쓰면, 아이들이 살고 있는 그 지역의 학교에서 공부하고, 학교 밖에서 구체적인 관계들 속에서 경험하며, 지역사회에서 일할 수 있는 것이 행복한 교육이라는 이야기였다. 인터뷰를 거듭할수록 뭔가 잡히는 것 같았다. 바로 교육 자치, 지역의 회복이었다.

"저희 세대는 시골에 살다가 도시로 나왔어요. 지방에 태어났는데 공부를 곧잘 하면 어른들이 인근 큰 도시로 가라, 아니면 서울로 가라 그러셨어요. 정말 공부 잘하는 아이에게는 미국으로 가라고 했죠. 거기서 서구의 선진 지식을 배우고 돌아와서 후진적인 조국을 발전시켜 달라는 거였어요. 그러니까 자신이 태어난 곳이 중심이 아니었던 겁니다. 세계의 중심은 미국, 서구의 나라들이고 우리 고향은 변방의, 변방의, 변방이었죠. 행복할 수 없죠. 자신이 사는 곳이 우주의 중심이고, 이곳에 질서를 부여해 자신만의 세계를 만들 수 있도록 인식이 전환되어야 한다고 봐요. 대학을 포함한 학교 교육의 핵심은 '중심이 되는 지역성', 즉 자신이 사는 곳이 중심이고, 자신이 그곳에서 질서를 창조하고 부여해 나가는 사람이라는 사실을 깨닫도록 하는 것입니다."

김진경 의장은 이렇게 말하며 산업화 시대 이야기라고 했지만, 지금도 사정이 별반 다른 것 같지 않다. 노동자를 양성하기 위한 교육체제가 여전히 지금의 학교 모습에 남아 있고, 아이들 개개인의 개성은 존중받지 못하며, 시험 점수를 잘 받는 극소수의 아이들만을 위한 경쟁체제 속에서 절대 다수의 아이들은 꿈을 잃어간다. 태어날 때부터 자신을 부정당했던 교육체제와 사회 분위기…. 이제는 서구추격형 국가에서 선도형 국가로 전환한 대한민국에서 우리는 자신이 태어난 지역이 세상의 중심이라는 사실을, 지역사회와 열린 학교에서 구체적인 관계 속에서 맺는 경험을 통해 배워 나가야 한다. 더 이상 중앙에서 만든 일률적인 커리큘럼으로 디지털 시대, 4차 산업혁명 시대에 살아갈 아이들을 옭아매서는 안 된다는 것 등등의 콘텍스트가 6인의 우리 대표 교육 리더들의 인터뷰에 오롯이 얽혀 있었다.

원고를 정리하면서 40대 중반으로 향해 가는 내 인생을 되돌아보았다. 경북 포항에서 태어났다. 팝송을 해석하면서 영어를 좋아하게 되었는데, 어른들 눈에는 공부를 곧잘 하는 아이로 보였는지 중학교를 마치고 상경해 외국어고에 진학했다. 서반아어를 전공했는데 학부에서는 불문학을 전공했다. 취업에 도움이 된다는 교수님들의 조언에 따라 경영학과 복수전공을 했다가 학점을 깎아 먹다 보니, 어느덧 졸업반. 이름도 알지 못하던 기업에 자기소개서를 작성하던 내 모습이 용납되지 않았고 기업들에 예의도 아니라는 생각에, 영화동아리에서 단편을 찍던 경력으로 프랑스로 갔다. 영화학과에서 석사를 마치고 잠시 귀국해 SBS에서 통역을 하며 언론에 매력을 느꼈고, 그렇게 기자의 길로 접어들었다. 〈교수신문〉에서는 학술문화부 기자로, 〈뉴스컬처〉에서 연극, 영화 담당 편집팀장으로, 〈르몽드 디플로마티크 한국어판〉 편집장으로, 〈아주경제〉에서는 총리실, 고용노동부, 교육부, 환경부를 출입하면서 기사를 쓰다가 현재 방송대 평생교육주간신문 〈KNOU위클리〉에서 글을 쓰고 있다. 분명 내 선택으로 이어진 '직업도'이지만 참으로 '갈지(之)자' 인생이다. 새삼 김 의장의 말이 다가왔다. 자신의 고향을 부정당하고 대도시로, 선진국으로 향했던 노정들. 이제라도 인사이트를 얻었으니 이제부터 내 주변을 재구성할 수 있다는 데 안도감을 가져야 할까? 내 아이에게는 그런 삶을 강요하지 않게 되었음에 감사해야 할까? 아직은 미지수이다. Only time will tell.

라틴어 스투데오[stúděo]는 '공부하다, 교양을 쌓다, 배우다, 몰두하다'라는 뜻이다. 그러니까 '호모 스투디엔스(homo studiens)'는 '공부하는 인간'이 된다. 이 책이 포스트 코로나 시대에 대한민국 교육은 어디로 가야 하는지, 또 그 안에서 우리는 전 생애주기에 걸쳐 어떻게 공부할지 조금이나마 독자들에게 인사이트를 줄 수 있다면 더할 나위가 없겠다. 그리하여 우리가 호모 스투디엔스로 진화할 수 있다면 말이다.

저자를 대표해 윤상민 씀

1장

놀이로 알아가는 배움의 즐거움,
탐색의 안전기지가 되는 부모
(유아교육)

박상희
육아정책연구소장

전남 완도 출생. 고려대 교육학과를 졸업하고, 중앙대 대학원 유
아교육학과에서 석사, 박사 학위를 받았다. 인간의 삶에 영향을
주는 교육환경 중 인류 대대로 내려오는 이야기의 힘에 관심을
갖고 연구를 시작했다. 『유아문학-이론과 적용』, 『독서치료』 등
유아문학 관련 다수의 저자이며 한국어린이문학교육학회와 한국
독서치료학회 이사 및 편집위원장을 역임하면서 어린이문학의 세
계에 대한 폭넓은 연구와 실천적 활동에 매진했다. 2001년부터
광신대 유아교육과 교수이자 대학원 통합예술치료학과 주임교수
및 보육교사교육원장을 역임했다. 영유아들의 행복한 성장과 발
달에는 부모와 교사의 행복감과 직업만족도가 필수라는 생각을
하며 부모와 유아교사의 직무만족도나 소진요인 등에 관한 다수
의 논문을 출판했다. 또한 교정시설과 가정폭력 피해자 쉼터 등
에서 다양한 개인과 가족을 만나 이야기와 영화 등을 통해 가족
상담 활동을 했다. 광주광역시 보육정책위원회·여성발전위원회
위원, 조선대학교 관선이사를 역임했다. 유네스코 ESD 한국위원
회 위원, 보건복지부 8기 중앙보육정책위원회 위원으로 일했다.

◆

일본 가족사회학자 야마다 마사히로 교수에 따르면, 역사상 유
례를 찾아보기 어려운 코로나19 위기 상황을 지나면서 가족은 '일
상생활을 공유하는 공동생활자'로서 가족과 '언제 어디서나 위기
에 직면했을 때 도움을 주는 존재'로서 가족으로 그 의미와 기능
이 나누어졌다.

코로나19, 가족을 소환하다

코로나19는 우리 삶의 중심인 가족을 다시 소환했습니다. 가족이
란 과연 무엇일까요?

인류 역사에서 가족이란 인간이 서로를 의탁하여 살아가는 최소한의 공동체로 오랫동안 기능해 왔습니다. 수렵시대 이후 정착하고 농경사회로 이동하면서 함께 일하고 나누며 집적한 것을 물려주는 가족공동체가 자리 잡으면서 지금까지 이어져 오고 있는데요. 태어난 곳에서 살아가고 함께 일상을 살아가다가 성인이 되면 또 각자의 세대로 나눠 살아가는 가족이라는 단위는, 서로를 의탁하고 살아가는 인류의 본질적 속성이라고 봅니다. 그러나 시대가 변하고 사회가 다변화하면서 가족의 기능은 변화되어 왔지요. 양육·교육·생산 등을 함께 하던 일과에서 일터와 교육공간 등으로 흩어졌다가 휴식하기 위해 저녁에 모이는 곳이 가정이 된 것이죠. 그리하여 가족이란 우리가 공적 존재로서 더 잘 살아가기 위해 준비하고 쉬는 공간에서 함께 하는 공동체의 성격이 강해지고 있다고 봅니다. 일상을 공유하는 일은 가족보다도 오히려 일터와 학교에서 동료들과 더 많이 이루어지고 있는 것이 현대를 살아가는 인간의 모습입니다.

가족의 의미를 코로나19 이전과 이후로 나눌 수 있을까요?

___ 기존에 공적 기관에서 해 주던 일을 가족이 다 떠안아야 하는 것 아니었을까 생각합니다. 코로나19 이후 상황에서 부모들

이 깨달은 것 중 하나가 '그동안 학교가 우리 아이들을 나 대신 키워 주고 있었던 것'이라는 이야기도 있었어요. 그래서 가장 최종적인 위기가 닥치고 가장 마지막 순간에는 결국 가족밖엔 없구나 하는 깨달음을 우리에게 남겼지요. 함께 마주한 가정 안에서 서로를 다시 발견하게 된 것입니다. '가족의 재발견'인 셈이지요. 행복한 가정의 모습은 서로 비슷하지만, 불행한 가정의 모습은 여러 방식으로 드러납니다. 집에 있는 시간을 함께 보내면서 아이들과 유튜브 요리 영상을 따라 하며 오붓한 시간을 보냈다는 부모들도 있고, 아이들이 통제가 되지 않아서 싸움을 하느라 집이 지옥 같았다는 분들도 있었습니다. 학교를 가지 않고 비대면 수업을 하다 보니 아이들이 학교에서 어떻게 지내는지 오히려 현실을 깨닫게 되었다는 분, 오히려 집에 있으면서 학교 폭력의 문제에서 잠시 피할 수 있었다는 분들까지 비대면 상황은 여러 장면을 만들어 냈습니다. 예상치 못한 감염병 여파로 발생한 상황들이었지만, 이를 통해 함께 있을 때 서로에게 온전하게 지지되는 가족의 기능을 회복하는 시간이 되었다면 참 다행입니다. 만약 그렇지 못했다 하더라도 다시 그 모습을 회복하도록 노력하면 좋겠고요.

재택근무를 하는 부모가 평일과 휴일의 대부분을 집안에서 보내면서, 건강한 가족이라도 갈등이 없지는 않다는 현실을 맞닥뜨리고 있는데요. 함께 있으면 응당 좋아야 할 가정이라는 공간이 전쟁터로 변해가고 있습니다.

___ 건강한 가족이란 갈등이 없는 것이 아니라 갈등을 잘 극복해 나가는 가족이라고 봅니다. 함께 있으면 응당 좋아야 하는 가정의 모습이 현실에서 얼마나 존재할까요? 그런 가족이란 구성원 모두가 많이 노력해야 이루어지는 이상적인 가정의 모습이라고 생각해요. 며칠 전 직원 교육장에서 강사가 가족이란 무엇인가에 대한 답을 쓰도록 했던 사례를 들어볼게요. 어떤 분들은 가족을 '존재의 이유', '사랑' 등으로 답했더라고요. 아마 많은 분들이 그렇게 답할 것이라고 예상했어요. 그런데 저는 그런 대답도 일종의 강박이 아닐까 생각했어요. 그런데 강사가 가족은 '배낭', '전쟁터'라는 답변도 있었다고 말하더라고요.

소장님은 가족을 뭐라고 쓰셨어요?

___ 저는 좀 생각해 보다가 '나무가 심어진 화분'과 같다고 썼습니다. 하나의 공간에서 여러 가지가 모여 함께 뿌리를 내려 살아가는 모습이 가정에서 살아가는 우리의 모습을 닮았지요. 물을

주고 적당한 빛과 환경으로 시들거나 죽지 않도록 세심히 보살펴야 하는 것, 푸르른 잎과 열매를 꽃피워 위안을 주는 것 등이 가족을 은유한다는 생각이 들었거든요. 저는 어떤 화분을 키웠을까 생각하다가, 우리는 어떤 화분일까? 하고 이미지를 떠올려 보니, 그냥 여름 한 철 투박한 화분 위에 잎이 넓은 잎사귀가 달린 나무가 있는 게 연상되더라고요. 썩은 나무를 연상한 건 아니구나 하고 긍정적인 피드백을 받았던 기억이 나요. 저한테는 항상 눈길을 뗄 수 없고 늘 주의를 기울여서 성장하도록 도와주는 존재가 가족이죠. 햇볕이 너무 적어 결핍되지 않도록, 물이 너무 많아 뿌리가 썩지 않도록 각자 가지 하나하나로 존재하면서 독립성과 다양성을 유지해 가며 하나의 나무를 이루는 화분이 바로 가정이라는 생각을 합니다.

코로나19 시대의 행복한 육아와 회복탄력성

코로나19는 새삼 가족의 건강성을 우리에게 일깨워 주었습니다. 아이 보육과 교육은 어린이집이나 유치원에 보내면 해결된다고 굳게 믿었던 허상이 깨진 것이죠. 코로나19로 드러난 가정보육의

허점은 어떻게 보시는지요?

____ 가정보육의 허점이라고 말씀하시지만, 전 오히려 우리 사회가 아이 키울 때 어깨에 힘이 많이 들어가는 건 아닌가 생각했어요. 내가 잘해야만 아이가 잘 큰다는 이런 부담이죠. 이런 뿌리 깊은 생각이 어디서 연유했을까요? 육아를 행복한 것이라고 생각할 수는 없을까요? 가족의 본질적인 기능을 재발견하는 일은 코로나19 이후 우리 삶에서 중요한 문제였어요. 어떻게 하면 서로 화목한 모습으로 이 위기를 극복해서 더 새로운 모습으로 이후의 삶을 살아갈 것인가는 가족과 사회, 국가의 과제이기도 합니다. 모든 가족은 다 갈등이 있어요. 건강한 가정은 그 갈등을 건강하게 풀어 나가는 가족입니다. 건강하지 않은 가족은 갈등이 없는 것처럼 회피해서 잘 살아가는 척하거나 서로를 공격해서 갈등이 더 깊어지는 가족이죠.

육아를 행복한 것으로 생각해야 한다는 조언이신가요?

____ 가정보육의 허점이라고 지적하기보다는 아이를 키우면서 몰랐던 것이 무엇인지를 물어보는 방향으로 질문을 바꿔야 한다는 이야기입니다. 어린이집과 유치원에 무엇을 기대할지, 부모가 가정에서 무엇을 해야 할지 다시 생각해 보자는 거예요. 원시시

대에는 충분히 먹이는 것이 부모의 역할이었다면, 근대를 지나면서 자녀가 성장해 사회에서 한몫의 역할을 해야 하니 교육도 잘해 줘야죠. 그래서 육아는 사회가 함께 책임져야 할 문제가 되었는데, 코로나19라는 팬데믹 상황이 초래되면서 오롯이 그 모든 책임이 부모에게 전가되었습니다. 부모로서 못하는 부분을 다 자신의 탓으로 돌리지 말았으면 좋겠어요. 비난하지 말고 힘도 좀 빼자고요. 좀 힘들면 어떤가요? 나중에 어떻게든 보완이 이루어지겠죠. 현실이라는 게 100% 나쁜 것도 아니잖아요. 예전에 안 좋았던 일도 나중에 다른 한편으로 좋은 양분이 될 수도 있고요. 넘어진 김에 쉬어 간다고, 공부하라는 이야기를 줄이고 아이들 이야기도 좀 들어주며 추억을 쌓는 시간으로 보내는 것이죠. 그런 기억들이 아이들에게 정말 큰 지지가 되거든요.

넘어진 김에 쉬어 가듯 아이들과 추억을 쌓으란 말씀이시군요.

___ 성인이 될수록 마음의 힘이 있어야 해요. 지금까지 살면서 좋았던 기억이 정말 중요하거든요. 그러나 부모의 사랑도 아이들이 성장함에 따라 조금씩 거둬들여야 할 때가 옵니다. 저는 강사 시절을 합치면 30년을 대학에 있었어요. 많은 학생들이 제 연구실에서 자신들의 삶과 가정에 대한 고민들을 털어놓고는 했

답니다. 제자들은 각양각색이었지만 크게 두 부류로 나뉘지요. 부모의 사랑을 많이 받은 아이와 그렇지 않은 아이로요. 유복한 가정에서 태어나서 때 되면 어학연수 가고 명품 가방을 선물 받은 아이라고 해서 행복할까요? "엄마가 지금 남자친구 만나지 말래요", "지금 실습기관이 좋지 않다고 바꾸래요" 등등의 말을 하면서 상담에서 펑펑 울어요. 사랑받고 자란 아이이지만 건강한 성인으로 분리되지 못한 것이죠. 오히려 자율성도 적고 부모가 주는 그늘이 여전히 있으면 큰 성장을 이루기 어려울 수 있다는 말입니다.

그럼 엄밀히 말해서 충분히 사랑받지 못한 아이들은 어떤가요?

___ 정확히 말하면 힘들게 하는 부모 슬하에서 자란 아이들이죠. 중학생 때부터 아르바이트를 해서 부모님께 생활비를 드리고, 어떤 부모는 이런 아이를 자신의 보험으로 생각하기도 해요. 성인이 되어서 학교도 자기 힘으로 다니고 부모님 빚을 갚기도 하죠. 이런 아이들과 상담해 보면 1, 2학년 때는 많이 어두워요. 그런데 한두 사람의 지원과 지지가 생기면 또 밝게 잘 성장하더라고요. 졸업할 때 보면 새내기 때와는 완전히 달라진 모습을 보입니다. 물론 전부 다 그런 건 아니에요. 다만, 제가 말씀드리고

싶은 건 나쁜 환경이 반드시 나쁜 영향을 미치는 것도, 좋은 환경이 늘 좋은 양분을 주는 것도 아니라는 이야기예요. 그런 면에서 인생은 공평한 것이고요. 코로나19 시국에 아이들과 더 많은 이야기를 진솔하게 나누고, 훗날 아이의 기억에 좋은 지지가 되도록 영유아 시기에 다양한 추억을 쌓으면 좋겠습니다.

과하게 사랑받은 아이와 사랑이 부족했던 아이…, 코로나19 시대에 어떻게 해석해 볼 수 있을까요?

_____ 부모들이 너무 불안해하지 않았으면 좋겠어요. 감염병 상황에서는 오롯이 모든 시간을 부모와 함께 하는 경우가 많아지지요. 이럴 때 부모들은 아이에 대한 불안감을 갖기 쉽습니다. 기초학력이 뒤처지지는 않을까, 나 홀로 고립되어 육아하는 힘겨움에 더해 나는 정말 잘 하고 있나, 아이는 잘 크고 있는 걸까 하는 불안이죠. 그런데 그 불안은 아이에게 더러는 짜증으로 나타나기도 해요. 아이에게 안 좋은 모습을 보이고는 죄책감을 느끼는 시간도 있을 것이고요. 우리는 아이를 키우는 시간을 성인이 일방적으로 그들을 안아 주는 것이라고 생각하는 경향이 있는데요. 아이를 안아 보면 아이뿐 아니라 부모인 나도 따뜻해지는 충만함을 느낍니다. 부모가 자녀와 있으면서 겪는 갈등의 주요 문제는 기

실 내가 해야 하는 훈육의 정도와 기대에 따라 달라집니다. 교육
기관이 그 기대와 역할을 많이 담당해 주었기 때문에 가벼울 수
있었지요. 일관되게 이야기해 주고 싶어요. 먼저 내가 선생님처
럼 해야 한다는 생각을 내려놓고 내 아이와 오롯이 다시 오지 않
을 어린 시절에 서로 더 많이 안아 주며 보낼 시간이 많아졌다고
생각하면 좋겠습니다. 그렇게 보낸 시간은 아이의 기억 속에 좋
은 감정으로 남아, 독립된 성인으로 성장하는 밑거름이 될 거예
요. 집이 어린이집이나 유치원이 아니듯이 부모님들도 선생님이
되어야 한다는 강박을 버려야 합니다.

**그래도 부모들은 학교에 가지 못하는 아이들의 학력이 떨어질까
걱정이 많을 거예요.**

_____ 단순히 미시적으로 학업을 놓치고 있다? 이건 중요한 지
점이 아니라고 봐요. 저는 코로나19 상황에 대한 교육적 대처에
불만이 좀 있어요. 코로나19라는 감염병이 왜 인류에게 닥쳤을
까? 이 부분을 아이에게 물어보고 설명해 준 적이 있나요? 아이
들에게 어떻게 우리가 전 세계적인 감염병 상황을 맞게 되었는지
는 설명해 주어야 한다고 봅니다. 인간의 불안은 현재의 상황을
통제할 수 없거나 잘 모를 때 제일 커집니다. 우리에게는 불안이

지만 아이들에게는 공포일 수 있는 이 상황에 대해 아이들은 발달 단계에 맞는 설명을 들을 권리가 있습니다. 우리도 당연히 과학자들에게 공동의 질문을 했어야 하고요. 그런데 우리는 오늘은 몇 단계이고, 확진자가 몇 명이 나왔다는 것에만 주목해요. 요컨대 아이들에게 학습 결손을 이야기하기보다 기후 변화를 먼저 가르쳐야 하는 게 아닐까요?

하지만 학력은 우리 사회에서 무시할 수 없는 요소이죠. 어릴 때부터 좋은 교육기관을 찾아 이사하는 부모도 많고요.

___ 마음이 급하다고 유치원에서부터 한글과 영어를 가르치고 숫자를 배워 셈을 하도록 하면 뭐가 좋을까요? 스스로 궁금해서 할 수 있도록 도와줘야죠. 그것이 소위 '자기주도적 학습'입니다. 아이들 스스로 노력해서 얻는 재미를 놓치지 않도록 부모도 협조해야 한다는 거예요. 아이들의 발달 단계를 보면 2~3개월이 지나면 엄마를 보고 웃어요. 이것을 사회적 미소라고 하죠. 그 전의 배냇짓은 신경학적 웃음이고요. 나를 보호해 주는 존재를 인식하는 익숙함 때문에 웃어 주고, 존재가 나에게서 멀어지면 위험신호로 받아들여서 울죠. 영아들은 이처럼 최선을 다해서 주위의 자극을 통해 배워 갑니다. 그리고 1년이 지나면 스스로 일어

나 걸으면서 만물의 영장임을 선포하지요. 보행기에서 설 때가
아니라 스스로 일어서는 순간이에요. 신경학적으로 보면 발끝까
지 신경이 활성화되면 일어서려고 해요. 옆으로 갔다가 잡고 갔
다가 자꾸 서려고 노력하다가 자기 힘으로 서는 그 순간 아이는
웃습니다. 승자의 웃음이죠.

스스로 해내는 아이는 '승자의 웃음'을 발견하면서 즐거워하겠
군요.

_____ 어떤 아이는 7~8개월에도 서고, 어떤 아이는 13개월이
지나서 서기도 해요. 혼자서 스스로 알아가는 즐거움, 그런 즐거
움을 영유아기에 계속해서 경험하게 해 주는 것이 더 중요하다고
봅니다. 한글을 아이들이 언제 스스로 읽겠어요?유치원 가서 신
발장에 실내화를 자기 이름이 써 있는 칸에 넣을 때예요. 얼마나
기쁘겠어요. 이게 한글로 내 이름이라고 스스로 알게 되는 거잖
아요. 배움의 즐거움을 계속해서 경험하게 해 주면서 초등학교에
진학하게 해야 주도적인 학습이 가능합니다. 공부하라고 잔소리
를 해서 공부를 한다면 걱정이 없겠죠. 부모가 하라고 강요하지
않아도 스스로 하는 아이가 입시까지 학습을 자기주도적으로 할
수 있는 존재가 된다고 봅니다. 그리고 이후의 삶에서도 자기 내

면의 소리를 들어가면서 직업을 탐색하고 삶을 설계하며 살아가는 사람으로 설 수 있다고 봅니다. 결국 모든 부모가 원하는 것이 궁극적으로는 그런 사람 아닐까요?

아이와의 갈등, 육아서적 대신 눈을 맞춰라!

유아교육에서 사교육의 대표를 꼽자면 영어유치원을 들 수 있겠죠. 유아기 외국어 교육은 어떤 방향으로 가야 한다고 보시는지요?

___ 우리나라는 모국어가 하나이고 영어는 공용어가 아닌 외국어입니다. 굳이 영어를 함께 쓸 필요가 없는 언어 환경이지요. 언어는 인간이 생존하기 위해 필요한 상징체계입니다. 내가 '물 줘'라고 말해야 물을 얻어먹을 수 있는 환경인데 굳이 'water please'라고 하는 말을 익힐 필요는 없지요. 굳이 영어를 익히게 하려면 인위적인 환경이나 프로그램을 제공해 줘야 하기 때문에 유아용 영어학원이 많이 있습니다. 우리가 현대인으로 살아갈 때 영어라는 언어의 위력이 커서 부모들이 주요한 사교육으로 영어학원에 관심이 많습니다. 그렇지만 우리나라에서는 외국어 교육

이 놀이 중심의 특별활동 성격을 지니는 정도가 바람직하다고 생각합니다. 언어는 사고와 직결되기 때문에 유아기에는 모국어의 기초를 튼튼히 해야 합니다. 영어를 잘하는 아이로 키우고 싶다면 제일 먼저 한국말의 그릇, 듣고 읽고 쓰고 말하는 언어의 능력을 키우고 나서 제2외국어로 확장해 가는 순서가 바람직하다고 봅니다.

저는 영어라는 도구 교육보다 시급한 것은 다문화가정과 더불어 살아가는 방법을 아이들에게 가르치는 것이 아닐까 반문하고 싶어요. 최근 어린이집과 유치원 원아 구성을 보면 다문화가정 자녀를 흔히 볼 수 있잖아요. 우리 사회가 좀 더 포용적인 사회로 가면 좋겠다는 생각이에요. 워낙에 단일민족 신드롬이 강하다 보니, 사실 저출산 문제와 관련해서 정책으로 채택되지는 못할 것 같다는 생각도 들지만요. 유럽 국가들 중 특히 독일은 이민자를 받아들이는 방법을 저출산 문제의 돌파구로 삼았어요. 그런데 우리 사회 분위기 전반이 이민자를 거부하죠. 타인에 대한 혐오가 너무 강한 민족이란 생각도 들어요. 문화상으로는 받아들이지 않지만 이미 실제로 수많은 다문화가정이 존재해요. 이 간극을 어떻게 해소해야 할지가 걱정입니다. 이른바 우리랑 피부색만 다르면 '야, 다문화다' 하고 색안경을 쓰고 보는 문화에서 어떻게 아이들이 살아가겠어요. 게다가 역으로 다문화가정이 많은 지역에서는 한국 아이들이 왕따를 당하는 경우도 있다고 해요. 어느 부분이나 다 문제이죠. 영어교육보다도 이런 본질적인 부분에서 일어나는 차이를 어떻게 극복할지에 좀 더 고민을 집중하면 좋겠습니다.

좋은 지적이네요. 어린이집은 아이들이 가정을 떠나 처음으로 집단생활을 시작하는 곳입니다. 지금은 영문도 모른 채 마스크부터 써야 어린이집에 들어갈 수 있지만요. 코로나19에 대한 경각심이 마스크에서 드러난 것인데 아이들에게 마스크 쓰기 교육도 필요할까요?

___ 마스크 쓰는 방법까지 따로 가르쳐야 할 건 아닌 것 같고요. 다만 앞서서도 말씀드렸듯이 아이들에게 너희들이 왜 마스크를 쓰고 생활하게 됐는지 등등을 감염병 상황, 기후 변화로 설명해 줘야 할 필요가 있습니다. 그런데 지금은 앞으로 어떻게 하면 마스크를 쓰지 않고, 기후변화에 잘 대처하며 인간과 동물이 같이 살아갈 수 있을지를 가르치지 않아요. 학교와 학원에서 공부를 못 하니까 엄마가 교사처럼 아이들을 가르쳐야 하고, 아이도 엄마 말을 선생님 말 듣듯이 하길 바라요. 그런데 여긴 집이지

학교가 아니잖아요. 그러니까 자꾸 아이들과 갈등이 일어나는 거예요.

아이들과의 갈등을 해결하기 위한 방법은 뭐가 있을까요?

＿＿ 부모 자녀 관계의 핵심은 자녀를 독립된 인격으로 인정하고 객관적으로 봐주는 자세입니다. 가수 이적의 어머니인 박혜란 교수도 자녀를 제3자처럼 보라고 조언했잖아요. 그런데 우리는 자녀를 우리와 완벽하게 일치하는 존재로 보는 경향이 있어요. 나의 욕망을 실현해 주는 존재로요. 아이 성적이 곧 엄마로서 나의 성적이라고 보기 때문에 뼈를 깎는 노력으로 좋은 학교에 보내려 하고, 그러기 위해 좋은 정보를 얻으려 고군분투합니다. 맹모삼천지교를 모성애와 사랑으로 보는 그 인식을 빨리 깨야 해요. 아이를 객관화해서 보고 스스로 자랄 수 있는 힘이 있도록 키워야죠. 아이들마다 패턴이 다 다르기 때문에 육아서적을 보기 전에 아이 눈을 들여다보세요.

육아서적 말고 아이와 눈을 맞추라고요?

＿＿ 형제간에도 달라요. 지금 아이가 공부에 집중하지 못하는 이유는 어딘가에 주의를 빼앗겨서일 수도 있어요. 몸이 아프거나

학교에서 왕따를 당했을 수도 있죠. 아이에게 뭔가 문제가 생겼다는 신호를 포착했다면, 육아서적을 뒤적일 것이 아니라 아이와 눈을 맞추며 이야기를 들어주어야죠. 아이가 지금 무슨 생각을 하며 어떤 감정을 느끼는지, 이 아이의 욕구는 무엇인지 물어보고 함께 찾아가는 부모가 되어야 합니다. 내 안에 아이의 바람직한 모습을 먼저 만들어 놓고 그에 따라 맞추려고 할 때, 아이들과 나는 서로를 잔뜩 긴장하게 만드는 관계가 될 수밖에 없지요. 내 아이 하나에만 집중하고 그 아이의 눈을 따라가면서 아이의 뒤에서 쫓아가려는 자세가 필요합니다.

부모교육이 필요한 부모

코로나19 시대를 지나면서 점점 가정 보육의 중요성이 커지는 것 같습니다. 코로나19로 재택근무 등으로 아이들과 보내는 시간이 강제로 늘어나면서 더욱 아이들과 부딪히는 현실에서 부모교육이 절실해 보입니다. 반면 우리 교육과정에는 공부하고 싶어도 마땅한 부모교육 과정이 없다고 호소하는 젊은 부부들이 많습니다. 대책이 있을까요?

___　부모 역할도 배우자는 말이 많죠. 핵가족화가 이뤄지면서 조부모나 마을 공동체의 도움 없이 부모와 자녀들만 있기 때문에 특히 초보 부모일수록 난감한 상황이 많기도 합니다. 저는 청소년기 교육과정에서 가족의 기능과 역할, 생애 발달, 영유아기 부모 역할 정도는 배웠으면 해요. 청소년기에 부모가 되는 경우는 적겠지만 장차 성인기에 이르러 더욱 책임감 있는 부모가 되는 소양 정도는 미리 배우는 것이 좋지 않을까요? 그리고 양육수당이나 주택 혜택 등 지원을 받을 때도 부모 양육 관련 내용을 교육받는다면 더 좋을 것이라고 봐요. 더 나아가서 직장인들이 받는 폭력 예방교육이나 장애인식 개선 교육 등과 같은 기본교육에도 포함하면 좋겠습니다. 정규 교육과정이 아니라도 요즘은 지자체나 각종 교육기관의 프로그램에서 양육에 관한 내용을 다양한 형태로 제공하고 있습니다. 그러나 저는 소위 부모 역할, 부모 노릇에 대해 우리가 어떤 문화적 배경을 갖고 살아왔는지 점검해 보는 것이 필요하다고 봅니다.

부모 역할에 대한 우리 사회의 문화적 배경이 뭔가요?

___　우리 문화에서 좋은 부모 역할을 생각하면 우선 '맹모삼천지교'라는 단어를 떠올릴 수 있습니다. 맹자의 어머니가 자식교

육에 좋은 환경을 골라 3번 이사하면서 훌륭하게 자식을 키웠다는 이야기이죠. 그런데 여기서 자식은 부모하기 나름이고 사회적으로 중요한 사람이 되도록 키우는 게 부모 역할의 전부라고 한정합니다. 아이의 성적이 곧 부모 성적이에요. 애들은 부모 말을 잘 들어야 하고 그렇게 키우려면 어깨에 힘이 많이 들어간다는 겁니다. 교육특구, 학군이 좋은 곳으로 가는 부모가 오늘날의 맹모라고 볼 수 있는데요. 우리 사회는 이것을 부모의 능력으로 받아들입니다.

맹모는 오늘날 한국 사회에도 존재합니다.

___　　오늘날 한국 사회에서 가장 큰 문제라고 하는 부동산도 결국 그 이면을 들여다보면 '대치동'이라고 하는 교육환경과 가장 관련이 깊지 않겠습니까? 그렇다면 한번 질문해 볼게요. 좋은 곳으로 이사를 가면, 즉 부모가 나름대로 생각한 이상적인 환경에서 기대하는 바대로 자식들이 성장할 수 있을까요? 그렇다면 비슷한 환경에서 성장한 사람들이 왜 서로 다른 모습으로 살아갈까요? 인간의 발달과정에서 과연 부모는 어떤 역할을 하는 존재인가요?

공부 잘하는 아이로 키우는 것이 부모 역할의 전부는 아니라는 지적이네요.

___ 인간은 생물학적으로 다른 동물보다 미숙한 채로 태어납니다. 걸을 수 있을 때까지도 1년 이상이 걸리고 말을 하고 의사 소통을 하는 데도 시간이 꽤 걸리죠. 또 일정한 시설에서 체계적인 교육을 받는 유일무이한 존재이기도 합니다. 그런 인간이 태어나서 성장할 때까지 의탁하며 온전한 성인이 되어 독립할 때까지 서로 돌보며 지내는 공동체가 가족입니다. 근대 이전까지는 부모와 마을 공동체가 학교의 역할도 했지요. 산업혁명 이후 대량 생산을 통한 자본의 축적이 이루어진 이후 학교는 노동자를 만들어 내야 하는 최소한의 교육을 제공하는 기관이 되었고, 기존에 부모들이 해 왔던 많은 삶의 도구인 지식을 표준화된 내용으로 제공했습니다. 부모는 학교에 자신의 권위를 이양했고 학교라는 제도에서 성공하는 것이 곧 계층 이동의 사다리에서 신분 상승에 성공하는 지름길이 되었기 때문에 자식을 잘 뒷바라지하는 것이 부모에게 중요한 사명이 되었지요. 우리나라에 예부터 내려오는 이야기 중에 한석봉 일화를 아실 것입니다.

엄마가 보고 싶어 약속했던 10년 공부를 마치지 못하고 내려온

아들에게 엄마는 불을 끈 채로 글을 쓰라고 하고, 자신은 떡을 썰었죠.

___ 게으른 아들 석봉이를 깨우쳐 주기 위해 스스로 노력하는 부모의 모습을 보임으로써 자식을 올바로 이끄는 부모의 역할을 강조했고, 이것은 오랫동안 이야기를 통해 전해져 한국인의 문화로 자리해 왔습니다. 자식은 배움을 게을리 하지 말아야 하고 부모는 그런 자식을 깨우치기 위해 자신도 갈고 닦아 모범을 보여야 한다는 것이지요. 우리 한국 사회는 그런 내용을 오랫동안 내면화해 오고 있었습니다. 자식을 잘 키우기 위해 나도 '부모교육'을 받아야 하지 않을까 하는 생각은 그런 문화에서 나오는 것으로 보입니다.

일리가 있는 말씀이네요. 코로나19 이후에는 '맹모, 한석봉 어머니' 신화가 어떻게 변했나요?

___ 코로나19 이후 우리 삶의 모습은 아이들을 공부시키고 훈육과 통제를 담당하던 학교와 교사의 존재가 멀어지면서 그 일이 오롯이 부모의 몫으로 돌아온 현장이 되었어요. 이 지점에서 부모는 공부하지 않고 게임만 하는 '현대판 석봉이'의 모습에 매우 불편함을 느낍니다. 내 안의 '한석봉 어머니 모드'가 작동한 겁니

다. 전쟁터라고 표현하는 것처럼 말이죠. 앞서 말씀드렸지만 함께 서로의 온기로 불안을 견뎌 내며, 먼 훗날 아이가 삶에서 어려운 장애물을 만났을 때 부모와 함께 어린 시절의 고난을 이겨 냈던 기억을 등대 삼아 회복할 수 있는 순간을 만들어 가면 좋겠습니다. 모두 함께 만들었던 요리, 모처럼 집에 있는 아버지가 나를 안고 들려주었던 이야기 그림책, 함께 만들었던 야외 조형물 등의 기억을 만들 수도 있습니다. 물론 그러다가 아이들과 옥신각신할 때도 있겠지만 그럼에도 '좋은 기억'은 인생에서 참 중요하답니다. 정신건강전문가들은 이걸 '회복탄력성'이라고 말하죠. 좋은 부모가 되기 위해 공부해야 한다는 강박에 묶이기보다는 우리 생각의 전환이 필요하다고 봅니다.

코로나19로 '집콕' 문화가 확산하면서 가정에 머무는 시간이 큰 폭으로 증가했다. 재택근무가 보편화하면서 자녀와 함께 하는 시간은 늘었지만 일과 쉼의 구분이 모호해졌다. 매 끼니를 집에서 해결하면서 이에 대한 스트레스도 커지고 있다. 동일 공간에 거주하는 가족 간 스트레스도 높아지고 있다. 불편함을 해결하기 위해 홈트레이닝, 홈 헬스, 홈 힐링에 대한 욕구도 커지는 추세이다. 또한 감염병에 대응해서 가정에도 공기청정기, 살균기, 정수기 등의

사용이 일반화되는 추세이다. 가족 행복을 위한 안전 보장 기능이 강화되고 있다는 방증으로 읽힌다.

코로나19로 인한 재택근무가 보편화되었죠. 집에서 아이와 함께 보내는 시간 동안 스트레스 없이 즐겁게 서로 성장할 수 있으려면 어떤 프로그램이 필요할까요?

___ 프로그램이라고 칭하는 말 자체에서도 부모를 선생처럼 생각하는 경향이 녹아 있는 것 같아요. 아이를 통제하고 뭔가 결과가 나와야 하고, 내가 뭔가를 아이에게 교육을 해 줬기 때문에 나는 좋은 부모라고 생각하는 것이죠. 이 정도는 해야 한석봉 어머니 정도 된다고 보는 마음이죠. 우리 안의 '한석봉 어머니 모드'를 잠깐 끕시다. 지금은 코로나19 전시상황이고 엄마는 교사가 아닙니다. 회초리를 든 어머니의 모습을 내리고 '릴렉스!' 하자고요. 아이나 나나 이 불안하고 예측 불가능한 시대를 건너는, 등불 없는 시대를 견뎌야 하는 동지인 것입니다.

프로그램이라는 말 자체에도 좋은 부모가 되어야 한다는 강박이 숨어 있었군요. 그럼 어떻게 놀아 주면 좋을까요?

___ '돌밥돌밥'이라는 말이 있더라고요. 음식 주문이 아니라

'밥 먹고 치우고 돌아서면 또 밥 차리는 시간'이라는 어머니들의 상황을 빗댄 말입니다. 돌밥 식사 준비를 하면서 아이랑 프로그램 하는 데 아이가 안 따라와 줘서 스트레스 받는 것보다 아이와 함께 재료를 가지고 비빔밥을 만들어 먹는 것이 코로나19 시대의 부모에겐 좋을 것 같아요.

요리는 아이들이 참 좋아하죠. 또 다른 걸 추천해 주신다면요?

____ 부모와 아이가 하는 소위 프로그램 중 가장 좋은 것은 '이야기책 읽어 주기'라고 봅니다. 아이를 품에 안고 그림책을 읽어 주는 시간을 많이 보내시고, 또 아이 혼자 재우고 욕실 청소하러 가지 마세요. 아이랑 스킨십 있는 거품목욕을 즐겁게 하고 청소는 나중에 하세요. 잘 안 치워지면 또 어떤가요? 어차피 조금만 시간이 지나면 또 어질러지는 걸요. 부모 역할을 잘해 준다는 건 이야기를 잘 읽어 주고 들려주는 사람이 된다는 거예요. 아이의 청지각 발달에 정말 좋은 영향을 미치거든요.

이야기보따리가 많은 부모

아이의 청지각 발달이 중요한 이유는 무엇인가요?

___ 우리 인류는 아주 옛날에 마을에 모여 우두머리가 들려주는 이야기를 듣곤 했다고 합니다. 참 지혜로운 인간입니다. 그 옛날에 뇌과학이 없었을 때인데도 말입니다. 인간은 엄마의 뱃속에서 만들어진 태중에서도 오직 듣는 힘, 청지각의 힘으로 두뇌를 발전시키는 존재입니다. 인간의 기본 감각이 발달시킨 뇌를 통해 만물의 영장이 된 인류에게 가장 기본이 되는 감각으로 청각을 듭니다. 출생해서 누워 있는 것이 대부분인 신생아기에도 주위에서 들리는 소리를 통해 인간의 소리와 인간의 소리가 아닌 것, 인간의 소리 가운데 유의미한 것, 억양, 단어 등을 구분하며 뇌를 발달시키거든요. 그림책 읽어 주기는 그렇게 발달된 청지각과 시지각을 결합하는 활동입니다. 자꾸 반복되는 이야기를 들으면서 아이는 그림을 읽어 가고 들리는 소리에 의미를 상상해 가며 다음을 예측하는 매우 의미 있는 사고능력을 발달시킵니다. 이야기가 어떻게 세워지고 전개하며 결론을 맺는가 하는 틀 말입니다. 부모에게 이야기를 많이 듣고 자란 아이들이 초등학교에서 학습준비도가 높았다는 연구들은 이미 1980년대에 많이 논의되어 널

리 알려져 있습니다.

청지각 발달이 학습 능력 향상과도 연관이 있군요.

___ 타인의 이야기를 듣고 얼개를 짜서 의미를 잘 정리하는 능력은 초등학교에 진학하여 선생님의 이야기를 잘 듣고 정리하는 능력을 예견하지 않겠습니까? 유대인은 베드타임 스토리를 전통으로 하고 우리나라에는 화롯불 옆에서 옛이야기를 들려주던 문화가 있었지요. 이야기의 능력은 이처럼 언어를 통해 사고하는 능력 외에도 삶을 잘 만들어 내는 능력에도 도움이 된다고 봅니다. 내 삶을 다양한 방식으로 변주하면서 즐기는 능력이야말로 우리 후손들이 인생을 살아가는 데 꼭 필요한 것이라고 생각합니다.

우문이지만요, 스마트폰이나 태블릿을 쥐여 주는 건 역시 지양해야 할까요?

___ 스마트폰의 문제는 바로 이것입니다. 방금 청지각 이야기를 했듯이 아이들은 들으면서 성장해요. 아이는 이야기를 들을 때 자기 안에서 상상을 합니다. 뇌가 활성화되는 것이죠. 사실 그림책을 읽어 주는 것도 그림 없이 이야기만 들려주는 것보다는

뇌 활성을 제한해요. 옛날에 화롯불 옆에 둘러앉아서 할머니가 이야기해 줄 때 아이들은 각자 상상의 크기가 다 달라요. 이런 상상을 많이 한 아이들은 성장하면서 남의 이야기를 잘 듣고 이해하죠. 초등학교에 입학해서도 학교 선생님 말씀을 잘 이해할 수 있어요. 아이에게 이야기 들려주기, 함께 그림책 읽기, 어른들이 들려주는 이야기의 경험은 요즘은 거의 없어졌지만 바로 코로나19 시대에 꼭 실천해야 할 부분이라고 추천드립니다. 태블릿이나 스마트폰을 쥐여 주더라도 아이와 함께 이야기를 나누며 하세요.

아빠 엄마에게 이야기보따리가 많아야 하겠어요.

____ 지금 젊은 부모들은 이야기를 듣고 자란 세대라기보다는 책으로 접한 세대라고 볼 수 있어요. 게다가 공부만 하고 자라서 놀이를 잘 몰라요. 주중에는 출근하고 아이를 어린이집에 맡기니, 집에 데려와서 씻기고 재우고 다음날 출근하는 일상의 연속이죠. 주말에는 놀아야 하는데 어떻게 놀지를 모르는 거예요. 갈 곳을 모르니 아이를 데리고 마트를 가요. 그래도 시간이 남으면 어린이집 놀이터에 가서 놀죠. 아이들은 스스로 놀던 걸 기억하니까요. 애들이 또래와 함께 놀면서 규칙을 정하는 건 발달상으로 보면 7세 정도에 가능해요. 우리 어렸을 때는 놀이터에서 편

도 갈라 보고 전쟁놀이도 했는데, 요즘 아이들은 그런 시간이 없어요. 스마트폰 들고 노는 행위는 고립놀이잖아요. 규칙 있는 게임을 단계를 높여 가며 할 줄 알아야 하는데 말이죠. 노는 게 학습이란 걸 알아야 하는데, 유아기는 특히 잘 놀아야 하고 그래야 뇌도 발달하거든요. 그러니 그림책이라도 함께 읽고 그다음에 태블릿을 주세요. 그리고 함께 태블릿으로 놀아 주세요. 태블릿은 단순한 사고만 하게 하잖아요. 그림책이 없으면 옛이야기라도 들려주세요. 옛날이야기에는 비합리적인 면도 있지만 장점이 굉장히 많아요. 강력한 정서를 담고 표현하며 안도감을 느낄 수 있게 하죠. 물론 비싼 돈 주고 책을 샀는데 아이가 안 본다고 화내며 아이를 야단치는 일은 해서는 안 되고요. 한두 번이라도 정성스럽게 책을 읽어 주고 그런 경험이 반복되다 보면 책이 좋은 기억으로 남아요. 가족의 그런 좋은 질서를 아이에게도 물려 줘야죠.

그러면 같이 즐거우려면 태블릿 게임 같이 해도 될까요?

_____ '무슨 게임 하니?'가 아니라 '무슨 게임이 이렇게 재밌니?'라고 물어보고 같이 하세요. 아이가 뭐 때문에 이 게임에 과몰입하는지, 뭐 때문에 힘이 드는지 그 원인을 찾을 수 있어요. 아이와 신뢰 관계가 형성되면 뭔가 다른 것도 할 수 있다는 이야기입

니다. 지금 아이가 게임을 할 수밖에 없는 이유도 분명 있을 거예요. 아이들에게 물어보세요. 모든 걸요. 아이들 속으로 들어가서 아이들과 함께 놀이를 한다는 마음으로요. 힘 빼시고요!

재택근무는 코로나19 이후에도 사라지지 않을 것이란 예상이 많다. 하지만 인적자원관리협회의 연구에 따르면 재택근무자 71%가 원격근무에 적응하기 위해 고군분투하는 과정에서 정신건강에 문제가 생겼다. 인간에게는 누구나 소통이 필요하고 직장에서도 공동작업에서 시너지가 발생하는데, 재택근무에서 혼자 일하는 외로움으로 정신 건강에 문제가 생기면 아이에게도 부정적인 영향을 끼칠 수 있다.

아이들과 함께 할 수 있는 새로운 라이프 스타일 플랫폼으로 집 공간을 재설계하려면 어떻게 하면 좋을까요?

____ 개별 공간을 확보하기 어렵다는 점이 코로나19 시국에 우리가 집에서 맞닥뜨린 문제이죠. 집은 함께 모이기도 하고 또 혼자만의 독립도 가능한 공간이었으면 좋겠습니다. 반드시 큰 집이 아니라도 가능합니다. 저는 아이가 돌이 되기 전에 기어 다닐 때 마루에 헌 냉장고 박스로 집을 만들어 주었어요. 세모 네모 동그

라미 구멍을 낸 다음 셀로판지를 붙인 창도 냈죠. 담요와 장난감을 넣어 주었더니 아이가 그곳을 참 좋아했어요. 우리 집에 놀러 왔던 조금 큰 아이들이 그 종이집을 너무 좋아해서 몇 명씩 들어 가서 놀다 결국 터졌어요. 아이들이 놀 수 있는 공간을 만들어 주시고 장난감 대여도 이용하셔서 육아에 도움을 받으시면 좋겠습니다. 그리고 아이들과 야외에 나가셔서 몸으로 즐겁게 놀아주시면 더 좋겠습니다. 인내심이 폭발할 때까지 집에서 머물다 보면 갈등만 생기니까요.

일과 쉼 구분을 위한 조언과 재택근무 중 아이와의 관계에 어떤 조언을 해 주실 수 있을까요?

＿＿　　어려운 문제이지요. 집안일과 육아는 밤에 잘 때가 되어야 마치는 것 아니겠습니까? 일은 혼자 할 때 오롯이 일만 할 수 있는 시간을 확보해야 하는데요. 누군가가 그 시간을 위해 내 일을 분담해 주어야 가능합니다. 집안일을 가족 구성원들끼리 분담하고 각자 맡은 역할을 책임감 있게 해낸다는 신뢰가 반드시 필요하지요.

#『에밀』의 작가이자 교육학의 대가인 장 자크 루소는 아이의 자유

를 소중히 여기고 선택의 자유를 주라고 말했다. 102세 철학자 김형석 연세대 명예교수 역시 아이를 소중히 여기는 마음이 제일 중요하고, 아이에게 선택의 자유를 주라고 조언한다. 최재천 이화여대 석좌교수 역시 자녀 교육에서 중요한 것은 '방목'이라고 강조한다.

나선형 인생과 레이트 블루머

아이에게 선택권과 자유를 주고 느슨하게 방목하는 것이 머리로는 이해되지만 현실에서는 도무지 어려워 보입니다. 코로나19로 재택근무를 하는 요즘은 특히 더 울컥하는 마음이 올라오기도 하고요.

＿＿＿ 부모와 자녀란 태중에는 한 몸이었다가 세상에 나오면 매일 조금씩 멀어져서 마침내 성인이 되면 떨어지는 그런 관계라고 봅니다. 부모는 자녀의 건강한 분리와 독립을 돕는 존재이죠. 부모의 역할은 그 거리를 잘 조정하고 그 속도를 잘 조절하는 것입니다. 분리-개별화라고 하는 부모의 최종 역할에 도달하기까지 영유아 시기는 부모가 베이스캠프와 같은 존재여야 하겠지요. 자녀들은 조금씩 주변 세상을 탐색하러 나갔다가도 부모가 존재하

는지를 살피고 마침내 부모가 곁에서 일관성 있게 존재함을 확인하면 다시 세상으로 나아갑니다. 심리적 주유인 셈이죠. 그게 아이에게 분명히 인지되어야 해요. 아이들이 걸어 다니기 시작하면서 '내가 할 거야', '이건 내 거야' 하면 부모 입장에서는 섭섭하죠. 쥐방울만한 녀석이 나중에 청소년이 되면 키까지 더 커져서 부모를 내려다보고 문을 쾅 닫고 돌아설 수도 있으니까요. 건강한 성인으로 분리하는 것이 육아의 목표라는 이야기입니다. 아이가 어떤 직업을 갖든 건강한 존재로 분리될 수 있도록요.

아이들의 자아가 강해지는 시기에 부모는 어떻게 대처해야 할까요?

―― 아이들의 발달기에서 중요한 것은 '내가 할 거야'라고 말하는 자녀를 긍정적으로 받아들여야 한다는 겁니다. 부정적인 신호로 보면 안 돼요. 아이들은 실패를 통해 배웁니다. 인생에 정답은 없어요. 인생은 경주(race)가 아니라 경험이거든요. 우리는 흔히 인생을 직선형이라고 생각합니다. 비슷한 나이에 대학에 들어가야 하고, 그다음에는 취직해야 하고, 결혼을 하고, 집을 사는 등 똑같은 방식으로 자녀를 키워요. 남과 조금만 달라도 불안해요. 대학 입시에 실패해 재수를 한다고 하면 걱정하고, 좋은 직장

에 입사했어도 언제 결혼하고 애를 낳을 건지를 걱정합니다. 누구에게나 비슷한 경주예요. 아니 좀 더 직설적으로 말하면 빨리 죽으려는 경주 같다고 할까요? 그러지 말고 인생을 나선형으로 생각할 수 있으면 좋겠어요.

나선형 인생은 무엇인가요?

____ 인생을 직선형으로 살기보다는 중간 중간 자기 선택지를 되돌아보고 살아가는 사회시스템이 필요하다는 겁니다. 그 안에서 자신을 돌아보고 성장하는 과정을 보장해 준다면, 지금 초등학교에서 아이가 좀 늦는다고 해서 대학 가서도 늦을까 봐 조급해하지 않아도 된다는 말이죠. 레이트 블루머(late bloomer, 얼리 블루머의 반대말로 늦게 꽃피는 사람, 대기만성형 인간을 칭함)라고 하죠. 아이들마다 다 달라요. 어떤 아이는 발달이 또래보다 늦을 수도 있고요. 청소년기를 좀 더 오래 살아야 하는 아이도 있죠. 그런 아이들의 특성을 인정해 주면 좋겠어요. 경험이 많이 필요한 아이라면 경험을 더 많이 시켜 주고요. 갭이어가 필요하다고 판단되면 학교를 잠시 쉬더라도 그 부분을 충족시켜 주는 겁니다. 육아서적 대신 아이의 눈을 들여다보라는 이야기가 바로 이 맥락이에요. 지금 우리 사회에는 쉼이 필요해요. 엄마들도 '훌륭한 엄마

되기' 패턴을 깨면 자신도 아이도 모두 행복할 수 있을 겁니다.

유아교육에서 디지털은 도구!

수백만 명의 부모들은 코로나19가 초래한 낯선 환경에서 살아남기 위해 스스로 원격교육 기술을 익혀야만 했습니다. 원격기술에 능한 부모가 되려면 어떤 노력을 해야 할까요? 도움을 받을 수 있는 기관이 있다면 소개해 주세요.

_____ 감염병 상황에서 낯선 학습환경에 놓인 자녀들의 원격교육을 위해 부모들이 좌충우돌한 것은 사실 부모들에게만 해당하는 건 아니었죠. 모든 직장인, 아니 전 국민에게 닥친 상황이었습니다. 그중 가장 힘들었던 존재는 가르치는 교사들이 아니었을까 싶어요. 행정 서류 처리 정도의 디지털 기술만을 쓰면 되었던 환경에서 아무 준비도 없이 화면 속에서 학생들과 공부해야 했으니 말입니다. 초중등 교사와 대학교수들은 하나의 구획된 공간 안에서 상호작용이 이루어지던 현실에서, 부모와 다중의 불특정 인간들에게 자신을 노출하며 코로나19 상황을 뚫고 생소한 디지털 학습 자료를 만드느라 그야말로 고군분투했습니다. 저 역시 기존에

는 대면 설명만으로 충분했던 학습내용을 새롭게 전달하느라 유튜브의 세상을 헤맸던 기억이 떠오릅니다. 이러한 상황을 잘 대비하도록 정부에서도 에듀테크 관련 정책에 더욱 박차를 가하고 있습니다. 자녀들이 학교를 갈 수 없는 상황에서 원활한 재택학습을 돕기 위해서는 우선 인터넷 접속이 원활한 인프라 구축, 디지털 기기 구비, 독립된 학습이 가능한 공간 환경 확보 등이 더욱 중요하다고 볼 수 있어요. 그런 환경을 제공해 준다면 부모가 반드시 원격교육 관련 기술에 능할 필요는 없을 것 같습니다. 모든 것을 부모가 다 알아서 가르쳐 주어야 한다는 완벽주의를 버리면 아이와 함께 더욱 행복한 육아를 하실 수 있을 거예요.

코로나19 시대, 디지털 수업이 보편화되는 세상에서 아이들에게는 독립적인 학습자가 되는 훈련이 필요합니다. 이런 교육 방향의 설정은 아직 학교에 들어가지 않은 아이들에게도 중요해 보이는데요. 현재 유아교육과 보육에서 디지털화는 어떤 방식으로 진행되고 있나요?

_____ 사실 유아교육과 보육 차원에서 디지털화 논의는 크게 진전되지 않았습니다. 일부 기업에서 하고 있지만 조심스럽죠. 유아 말고 아동기 아이에게도 미디어 적정 사용에 대한 논란이 많

잖아요. 사실 발달상으로 봤을 때 마스크도 아이에게 부담인데 미디어를 활용한 수업 논의 자체가 불경한 느낌이라고 할까요? 이건 교사들을 위한 플랫폼으로 활용해야 할 겁니다. 부모들은 자녀를 가정에서 양육할 때 교육 서비스나 팁을 전달하는 용도 정도로 접근하는 것이 바람직하다고 봐요.

유아교육에서 디지털화는 아이가 아닌 교사 대상으로 해야 한다는 말씀이시군요.

____ 그렇습니다. 안타깝게도 지금 코로나19로 대면이 힘든 상황이라 아이들의 경험이 제한되고 있죠. 가장 중요한 건 인간이 감각을 통해 뇌가 발달하는 존재라는 점이에요. 태중에서는 청지각을 통해 뇌가 발달하고, 출생 후에도 누워서 듣죠. 아이들을 많이 돌아다니게 하고 경험하게 하고 듣게 해야 하는데 그렇게 못하니 걱정스러운 겁니다. 그 역할을 교육기관이 못하니 부모가 해줘야겠죠. 디지털 기기를 사용하는 게 아니라, 자꾸 말을 걸어 주고 만져 보게 하고 느끼게 하고 표현하게 해야 합니다. 이 부분이 여전히 부모의 몫으로 남아 있어요. 그러니 밀폐된 공간인 집보다는 밖에 나가는 게 좋습니다. 트인 곳에서 산책하고, 자연을 보여 주고, 말 걸어 주는 것들이 중요합니다. 물론 에듀테크도 중

요하지만, 아이에게는 오히려 이보다는 아날로그적인 것이 더 중요합니다. 놀이터에서 몸을 써서 움직이는 경험이 더 본질적이라는 말이지요.

포스트 코로나 시대의 유아교육은 어떤 방향으로 전환되어야 할까요?

____ 디지털 시대에 학습자는 독립적 학습자가 된다기보다 학습자의 개별화교육이 강화될 것입니다. 개인 맞춤형 교육이 강화된다는 말인데요. 유아교육과 보육 분야에서는 어느 학교급보다도 영유아의 개별적 특성에 맞추어 교육과 보육을 해 왔으므로 교육방향을 다시 설정해야 하는 것은 아닙니다. 디지털은 기술이지 교육의 본질을 넘어서기는 어렵습니다. 놀이 중심으로 개별 유아의 요구와 흥미에 맞추어 교육하는 흐름은 기술의 변화에 영향을 받지는 않을 것이라고 생각합니다.

포스트 코로나 시대에는 인공지능(AI) 교사가 보편화될 것입니다. 반복적인 업무를 담당하겠죠. 반면 부모와 교사의 교육자 역할은 멘토와 코치로 변화할 것이라고 예상합니다.

____ 인공지능 교사가 중요한 이유는 앞서 언급한 것과 같이

개인 맞춤형 교육을 가능케 한다는 점입니다. 그러나 인공지능이 대면 교육을 모두 맡아서 하기는 아직 기술력이 부족하죠. 인공지능은 보조 역할을 할 것이고, 이조차도 인간이 방향을 결정하게 될 것입니다. 유아교육에서 부모와 교사의 역할은 멘토의 역할이지 유아를 앞서서 끌고 가는 것이 아니기 때문에, 앞으로는 인공지능을 활용한 개인 맞춤형 교육 진단, 평가, 기록 등이 보다 원활하게 진행되겠죠. 교사와 부모는 이를 활용해 유아에게 더 수준 높은 교육적 지원을 할 수 있을 것이라고 예상합니다. 가정교육도 강화될 것으로 봐요. 홈스쿨링과 온라인 교육이 강화되더라도 영유아에게 제공되는 교수학습의 방식은 실물 중심의 직접 체험하는 방식에서 크게 변할 것으로 예상하지는 않습니다.

코로나19 이후 유아교육과 보육의 콘텐츠 문제를 이야기해 보고 싶습니다. 비대면 시대를 맞이해 디지털 기기를 사용하는 경우가 늘고 있는데요. 민간과 정부가 협력해 에듀테크 서비스를 지원하는 일 또한 요구됩니다. 교육콘텐츠, 학습관리시스템(LMS), 소통도구(SNS) 등의 서비스를 자유롭게 제공하고 활용할 수 있어야 하고, 이렇게 개발된 콘텐츠의 질을 관리하는 표준 기구, 분류·보존하는 교육콘텐츠 아카이브도 구축해야 할 것 같습니다. 물론

'인간다운 성장'을 염두에 두면서요.

_____ 에듀테크 서비스 제공을 위한 플랫폼 기반을 공공에서 갖추어야 할 필요가 있습니다. 또한 해당 플랫폼에서 콘텐츠 질 관리가 함께 이루어져야 하겠죠. 여기에 더해 다양한 민간 플랫폼에서도 콘텐츠가 생산될 것이고, 교사들이 직접 만드는 콘텐츠도 출현할 것이라고 예상해요. 공공과 민간의 다양한 교호작용 속에서 콘텐츠가 생산되는 시대가 오는 것이죠. 유치원과 어린이집에서 이러한 콘텐츠를 활용하기 위해서는 국가 차원에서 표준이 마련되어야 하고요. 기관 내부적으로 내용과 질, 윤리적인 측면에서 자료를 검토하는 과정을 거쳐야 하므로, 교사의 디지털 리터러시 역량 강화를 위한 교육도 함께 진행되어야 합니다. 또한 기관 내에서 디지털 자료의 질에 대한 검증 제도를 마련해 나가는 과정도 필요하다고 봅니다.

출생 후 2주 된 아이를 살해하거나, 조카를 물고문하는 등 아동학대 사례는 줄어들지 않고 있다. 얼마 전 국민의 가슴을 아프게 한 정인이 사건까지, 극단적인 아동학대 사례가 계속 언론에 보도되고 있다. 코로나19 시국에 가족 구성원이 집 안에 함께 머무르는 시간이 늘어나면서, 아동학대 사례가 증가했다는 보도도 있다.

코로나19 시대, 친권주의의 역설

이야기를 꺼내기조차 아픈 부분이지만, 짚고 넘어가야 할 문제가 바로 아동학대 문제예요. 코로나19 시국에 가족 불화가 많아지면서 더 증가하는 것 같기도 하고요.

___ 가장 중요한 것이 바로 아동의 권리라는 점을 잊지 말아야 합니다. 폭력은 보통 낮은 자를 대상으로 행하죠. 적어도 나와 동등하거나 귀하다는 생각이 있으면 폭력을 행사하지 않아요. 우리 사회에서 아동이란 존재가 얼마나 낮은지 모릅니다. 이건 독특하게 우리나라의 친권주의와 연결됩니다. '내 새끼는 내 건데 왜?'라는 인식이죠. 여성을 대상으로 한 가정 폭력도 같은 맥락으로 봅니다. '내 안식구 내 마음대로 버릇 좀 고치겠다는데 왜?' 아동학대는 엄연히 아동에 대한 폭력인데 훈육과 혼동되는 경우도 있어요. 우리가 어렸을 때를 돌이켜보면 잘못한 아이를 발가벗겨 문 밖에 내놓기도 했어요. 그렇다고 이웃에서 그 부모를 비정한 부모라고 하지 않고 오히려 잘 키운다고 했죠. 우리 사회 문화에 아동 권리 의식이 전혀 없었던 거예요.

'내 새끼 내가 때린다는데 뭐?'라고 하면 할 말이 없어지죠.

___ 근본적으로 '내 새끼는 내 것이고 내가 패서라도 가르친다'라는 왜곡된 친권주의가 사라져야 합니다. 아이를 대상으로 행하는 폭력도 무거운 폭력이라는 사회적 전제가 이루어져야 하겠고요. 아동학대 사건이 발생하면 어떤 종류의 학대인지 잘 판단해야 해요. 지금은 경찰과 사회보장요원이 동행해서 아이들을 분리하게 되어 있는데, 부모는 친권을 가진 존재이니까 저항하는 경우가 많아요. 그러면 경찰은 강제하지 못하니 유야무야 넘어가게 되고, '여러 차례 신고가 접수되었으나 방치', '초기대응 실패' 같은 기사가 나오게 되는 것이죠. 아동보호전문요원에게 적어도 사법경찰에 준하는 권한을 부여해야 한다고 생각해요. 그 분야는 이분들이 가장 잘 알아요. 경찰 대상으로 전문교육을 실시한다고 해도 경찰이 일정 수준의 분별력을 갖추기까지 시간이 너무 오래 걸려요. 충분한 상담 전문 인력은 필요조건이고요, 예방 시스템에 가장 많은 비중을 둬야 한다는 게 제 생각입니다.

아동학대에 대한 법적 처분이 중하지 않은 것도 문제입니다.

___ 법률도 그렇습니다. 아동을 개인이 아닌 보호의 대상으로 인식하고 있어요. 게다가 아동에게 폭력을 가한 사람에 대한 양형도 낮은데 근본적으로 이것부터 고쳐야 해요. 정확하게 법령을

제정하고 아동이라는 존재에 대한 권리를 고치는 게 첫 번째 과제이겠죠. 아동학대 사건이 발생했을 때 초동 대처에도 문제가 많다고 보입니다. 그래서 저는 이 문제를 해결하려면 첫째 아동을 권리를 가진 존재로 인정하고, 둘째로는 법정의무교육 외에도 고등교육과정에 아동학대 신고에 대한 내용을 포함했으면 합니다. 그리고 마지막 셋째는 예방 시스템의 작동이에요. 혹시 출생신고가 되지 않은 아이가 있는지, 집에 방치된 아이가 있는지 찾아내는 행정 시스템을 말합니다. 예방접종 때, 양육수당을 지급할 때, 아이들이 취학할 때 등 생애주기마다 아이의 안전을 확인하는 시스템이 잘 구축되어야 합니다. 아동학대는 살인에 준하는 폭력이거든요.

어린 시절 학대를 경험한 아이들은 성인이 돼서도 그 트라우마에서 벗어나기가 쉽지 않죠.

＿＿＿ 한 번 더 말씀드리지만, 정말 해서는 안 되는 행동이 바로 아동 폭력이에요. 사람이 살아가면서 힘든 상황에 놓이면 그 상황을 버티게 해 주는 것이 초기기억이라고 하는 어렸을 때 기억들이에요. 성인이 되어서도 어려운 상황에서 자신을 일으켜 세우는 힘은 '난 귀한 존재이고 사랑받았다는 기억'입니다. 앞에서도

말씀드렸지만 이것을 회복탄력성이라고 하는데, 학대당한 아이들에게는 그런 기억이 없어요. 삶의 가장 중요한 자원이 없다는 말이죠. 그러니까 정말 아동 폭력은 절대로 저질러서는 안 되는 범죄예요.

이미 발생한 아동학대 사건에 대한 사후 관리도 중요하죠.

____ 그렇습니다. 아동학대는 반복되기 때문인데요. 아동학대 사건 대부분이 부모나 친족에 의해 일어나요. 아이를 가장 가까운 거리에서 보호해 줄 사람이 폭력을 행사하는 것이죠. 최근에는 양부모에 의한 아동학대가 이슈가 되었습니다. 하지만 양부모의 학대 비중보다 친부모의 학대 비중이 월등히 높아요. 문제는 친권주의 때문에 처벌이 힘들다는 겁니다. 분명 때린 사람은 부모인데, 부모라는 이유로 친권을 가졌다는 것이 권리가 되죠. 아이들도 남의 집에 가서 살고 싶어 하지 않거든요. 이런 상황을 무기력하게 지켜봐야만 하는 상담사들은 정말 마음이 아픕니다.

상담사의 역할이 정말 중요할 것 같아요.

____ 아동학대를 당한 아이들을 다시 일으켜 세울 수 있는 건 부모가 아니라 부모처럼 돌봐주는 존재예요. 이들이 바로 상담

인력이죠. 아이들이 부모에게 분리되어 굉장히 힘든 경우 쉼터로 가서 생활하게 됩니다. 쉼터는 학대당한 아동의 마지막 정착지인 셈이죠. 가족처럼 돌봐주면서 성장시켜 주는 곳이에요. 아동학대 쉼터, 청소년 쉼터, 가정폭력 피해자 쉼터처럼 국가가 관리하는 쉼터가 대도시마다 있어요.

쉼터가 있어서 정말 다행입니다. 쉼터 운영에 어려움은 없을까요?

_____ 저 역시 가정폭력 피해자 쉼터에서 봉사활동을 많이 했는데 10년을 가도 똑같아요. 상담자들이 너무 힘들어 해요. 지원이 정말 부족하거든요. 우리나라가 이제는 선진국 대열에 진입했잖아요. 그런데 왜 이렇게 지원받기 힘들고 예산도 없느냐고 물어보면, 예산 자체가 관련 부처 일반 예산이 아니라 범죄피해자기금, 복권기금, 지자체의 자투리 예산 등으로 구성되어 있기 때문이라고 답해요. 부족한 예산으로 운영하니 항상 힘들고 열악하죠. 상담사들의 봉사정신이 아니면 버틸 수가 없는 거예요. 지원이 부족한 쉼터에서 자라는 아이들은 여러 가지 유혹에 시달리게 됩니다. 그러다 10대 부모가 되기도 하고, 자기처럼 자기의 자녀에게 폭력을 대물림하기도 하죠. 그래서 피해자 쉼터에는 전문 상담 인력이 보완되어야 하고, 지원도 더 늘려야 한다고 생각합니다.

내 아이의 첫 선생님, 어린이집·유치원 교사

이번엔 유치원과 어린이집 교사에 대해 이야기해 보죠. 어린이집에서 영아가 처음 만나는 중요한 타인인 보육교사의 자격은 보육지원체계에서 중요한 문제이니까요. 한국에서 보육교사의 질 관리는 어디서부터 어떻게 개선해야 한다고 생각하시는지요?

_____ 제가 대학에서는 유아교육과 교수로 있었지만, 어린이집 원장이나 보육교사교육원 원장을 겸직하기도 했습니다. 그러다 보니 학교 보직에서 실제 양육현장을 경험할 기회가 많았죠. 여성 취업 문제와 연관해서 어린이집이 필요하다는 주장이 1990년대 초에 공론화되었어요. 그러면서 보육교사 양성에 대학교와 사설기관들이 대거 나서기 시작했죠. 고등학교 졸업 이상의 학력이면 보육교사 자격을 취득할 수 있었어요. 저 역시 현장에서 교육을 담당했던 경험이 있고요. 사실 이건 문제가 아니라고 봐요.

대학에서 공부한 학생이면 교사로서 더 전문적인 것 아닌가요? 이른바 '생계형' 교사 문제도 제기되고 있고요.

_____ 물론 비대면 실습을 한다거나, 실습을 하더라도 잠깐 현장에 나오는 것으로 보육교사 2급 자격증 획득이 가능하게 한 현

양성 시스템은 문제가 있다고 봐요. 하지만 고졸 학력이라도 교육밀도가 있다면 괜찮다고 보거든요. 제가 경험한 바에 따르면 그렇게 고등학교 졸업 후 교사를 시작한 분들이 야간 대학을 가기도 하고, 대학원 석박사 과정에 들어가서 연구를 더 진행하며 성장하는 경우도 많았어요. 지금 와서 학위가 무엇인지, 최종학위가 무엇인지, 사범대를 졸업했는지를 따지는 것보다 복잡한 문제예요. 단순히 학위와 보육교사 급수로 교사의 질을 구분할 것이 아니라 좀 더 면밀히 들여다 볼 필요가 있다는 겁니다. 예를 들어 유치원 교사는 대학원에 진학하면 1급으로 올라갈 수 있는데, 보육교사는 학위를 받았다고 해도 현장에 없으면 계속 2급에 머물죠. 또 보수교육을 안 받으면 1급으로 올라갈 수도 없고요. 체계가 다르다는 말입니다. 그래서 저는 질문에서 생계형 교사라는 말에 거부감이 들더라고요. 세상에 생계형이 아닌 직업이 어디 있나요?

강도 높은 보육교사의 업무량과 비현실적인 임금이 문제이죠.

___ 저임금 이야기입니다. 4년제 대학을 졸업하고 어린이집 교사로 취업하면 일은 너무 힘들고 부모들의 요구는 넘쳐나죠. 거기에 행정 업무까지 처리해야 하니 얼마나 힘들겠어요. 그나마

아이들에 대한 사랑으로 아이들이 커가는 걸 보면서 견뎠는데, 원장과 갈등이라도 생기면 과연 이걸 감수하면서라도 다녀야 하나 하는 고민이 들죠. 사실 실업수당 받으면서 카페에서 아르바이트를 해도 그 정도는 벌거든요. 영유아의 발달 특성을 고려해볼 때, 적어도 교사가 영유아를 일관성 있게 대해 주는 게 중요합니다. 너무 저임금이라면 이를 유지할 수 있는 시스템이 불가능해집니다. 그래서 교사에게 이를 요구하려면, 사회와 부모가 그만큼 대우해 줘야 한다고 생각해요. 교육의 밀도가 굉장히 중요한데요, 지방대 붕괴가 시작되면서 교사 수급에도 문제가 발생하고 있어요. 안정적으로 교사를 양성할 수 있도록 하는 것도 급선무입니다.

1교실 3담임제 같은 제도도 고민해 볼 시기라고 보시나요?

_____ 1교실 3담임제는 이상적이지만 법과 규정에 따라 가능한 일입니다. 현재 유치원의 경우 정원에 따른 학급당 교사 1인 이상을 두도록 하고 있으나, 정원을 초과해서 투담임제를 하면 학급 면적당 인원이 너무 많이 배치돼 공간이 좁아지는 문제도 발생할 수 있어요. 학급당 유아 수를 줄이는 정책을 먼저 진행하는 것이 더 중요하다고 봅니다.

사립 어린이집 원장, 유치원장 1인의 무소불위 권력으로 돌아가는 시스템에 대한 지적도 있어요.

____ 민간 어린이집과 사립 유치원이 모두 국공립이 아니라고 해서 같은 기준으로 본다면 문제를 해결하기 어렵다고 생각해요. 운영 주체가 개인인 경우 비리를 어떻게 예방할 수 있을까라는 차원에서 이야기해 보면요. 사립 유치원은 법적 위상이 사립학교이므로 법인화를 통한 이사회 운영 등으로 의사결정구조를 바꾸고 유치원운영위나 노조 운영, 학부모 참여를 높여 공공성을 높이면 유치원 원장이 무소불위의 권력을 누리기 어렵습니다. 민간 어린이집들도 교사들의 노조 참여율이 높고 부모들의 참여가 높은 경우 비리나 학대 발생률이 떨어지죠. 제도적 차원의 문제와 구성원들이 기관을 함께 만들어 나갈 때 원에서 일어나는 여러 문제를 공동으로 해결해 나갈 수 있다고 봐요.

포스트 코로나 시대에 안전을 담보하려면 어린이집, 유치원, 병원, 상주 의료 인력 등은 어떤 방식으로 협조해야 한다고 보시는지요?

____ 안전지도와 의료진 배치의 문제는 별개의 문제라고 봐요. 유아교육기관의 안전지도는 기관과 교사의 전문성의 문제와 직

결되므로 안전지도가 충분히 이루어지도록 현장에서 교사들이 고군분투하고 있을 것입니다. 그러나 의료진 상주는 현재 법제도상 불가능한 일입니다. 예컨대 초등학교에 의료 인력이 상주할 수 없는 것과 마찬가지 논리이죠. 보건교사 배치나 1기관 동네 주치의 배치 정책 등으로 교육청 또는 지역사회와 협력구조에서 문제를 해결하는 것이 적합하다고 봅니다.

어린이집과 유치원에서 교사 1인당 원아 수는 어느 정도가 적정하다고 보십니까?

___ 2021년 교육부 자료에 따르면 유치원 교원 1인당 유아 수는 국·공립 8.6명, 사립교원 12.2명, 사립유치원 교원 1인당 유아 수는 12.2명입니다. OECD 기준에서도 학급당 유아 수는 중요한 교육 여건이고, OECD 상위 10개국의 학급당 학생 수는 유아 13.6명인데, 사실 OECD 기준 교사는 수업이 주 업무인 교사를 말하죠. 반면 교육부의 '교육기본통계'에서는 교장, 교감, 보건·영양·사서 교사까지 망라해 산출하니 OECD 교육지표보다 적게 나오는 맹점이 발생합니다. 또한 통계는 소인수 학급의 유아 수까지 통계에 합산되다 보니 전체 평균 숫자는 낮게 책정될 수밖에 없고 여전히 인구가 많이 몰려 있는 대도시의 유치원들은

과대, 과밀학급 운영으로 어려움이 있죠.

교육부는 2019년 초등학교 1학년 학급당 학생 기준을 17명으로 제시했어요.

___ 학급당 유아 수는 이보다 적은 15명 이하로 기준을 마련할 것을 제안합니다. 유아들이 충분히 놀고 쾌적한 환경에서 친구들과 더 많이 상호작용하기 위해 학급당 유아 수가 반드시 조정되어야 합니다. 또한 보육시설의 경우는 장시간 보육을 맡고 있어 유치원보다 더욱 세심한 기준이 필요해요. 보육할 수 있는 영유아 수가 많아질수록 보육의 질은 떨어질 수밖에 없고 하루 종일 좁은 교실에서 많은 영유아를 돌보며 제대로 된 휴게시간 없이 온갖 행정 업무를 해야 하는 보육교사의 노동환경은 더욱 열악해집니다. 안전사고의 위험, 영유아의 발달시기 특성을 고려하면서 '보육교사 1인이 책임져야 할 영유아 수는 만 0세 2명, 만 1세 3명, 만 3세 5명, 만 3세 8명, 만 4세 11명, 만 5세 14명으로 개선되어야 한다'는 것이 최근 육아정책연구소가 주최한 육아정책토론회에서 제안한 내용입니다.

아이의 발달 단계 고려한 유아 정책

학령인구가 줄어들면 교사도 줄여야 한다는 주장도 나옵니다.

___ 어린이집의 경우 교사를 한두 명 더 배치해서 양질의 교육을 제공할 수 있는 시스템으로 가야 하죠. 무엇보다 유치원과 어린이집은 집에서 가까운 곳에 있어야 합니다. 아이들을 경제적으로 보는 시각에서 제발 벗어났으면 합니다. 아이들이 줄어드니 또 나오는 이야기가 '교실도 남는데 초등학교를 일찍 보내자' 같은 논리도 있어요. 하지만 발달에 적절한 교육을 해야 한다는 점을 절대 간과해서는 안 돼요. 안타깝게도 우리나라 유아정책은 아이들 유아기의 중요성을 최우선으로 두고 시작한 게 아니었다고 봐요. 맞벌이의 양육에 맞춘 정책으로 점차 발전하다 보니 아이들의 발달은 뒷전이 되어버린 거죠. 최근에서야 아이들의 유아기 발달 상황에 맞는 정책들이 많이 추진되고 있습니다.

아이의 발달 단계를 고려한 정책보다, 맞벌이의 양육을 돕는 정책을 우선하고 있다는 지적이군요.

___ 그렇습니다. 유아기의 중요성을 우선적으로 고려하면, 이에 대한 정책 연구도 아이들의 발달적인 특성과 환경 변화를 고

려하게 됩니다. 아이들이 어떤 환경에서 어떻게 발달하는지, 건강한 사회적 발달을 하려면 현대 사회에서 양육은 어떻게 해야 하는지 등을 중점적으로 제공하는 쪽으로 갈 수 있지만, 자꾸만 맞벌이의 안정적인 직장생활을 중심으로 하면 그쪽으로만 정책이 쏠리게 돼요. 영유아기 정책은 아이들이 안정적이고 일관된 양육환경에서 보살핌과 교육을 받으면서 놀이를 통해 환경을 익혀 나가고 성장해 가는 측면에 방점을 두고, 아이의 행복을 우선으로 고려해야 합니다.

유아교육과 보육에서 유아를 중심으로 하지 않는 사회적 분위기를 꼬집으신 거군요.

_____ 가끔 정상회담을 하면 퍼스트레이디들이 모여 차 마시는 상황이 연출되기도 하죠. 지난번 G7 회담이 있었을 때, 김정숙 여사도 모습을 보였어요. 영국 보리스 총리 부인이 아이를 안고 나왔고 마크롱 프랑스 대통령의 부인은 보리스 주니어를 손주 보듯 하며 웃었어요. 마크롱 대통령 부인이 그날 영부인들과 유아기의 중요성에 대해 많은 이야기를 나눴던 것이 참 좋게 느껴지더라고요. 우리나라에서 그런 주제로 이야기하면 아마 이런 이야기가 나오지 않았을까요? 애는 어디에 맡기세요? 몇 시에 데리러

가세요? 이런 말이요.

쓸쓸한 현실입니다.

___ 유아기의 중요성이 전 세계적으로 대두된 것은 1964년 헤드스타트(head start) 운동이에요. 미국의 심각한 인종문제가 흑인의 절대적 빈곤문제로 악순환되다 보니, 이를 해결하기 위해 적어도 고등학교까지는 졸업시켜서 사회 시스템에 적응하도록 만들어 주자는 취지에서 시작했죠. 출발을 동등하게 해주자는 의미에서 헤드스타트로 명명했고, 엄청난 국가재정을 투입해서 저소득층의 유아들을 도와줬죠. 부모들이 아이를 잘 키우도록 상호지원 기술도 가르쳤고요. 그런 이후에야 유아교육, 아동학, 아동복지가 크게 발전할 수 있었어요. 우리나라는 유아들의 발달과 교육의 입장보다는, 어린이집을 만들어 애들을 돌보고 일하는 엄마가 장시간 자리를 비웠다가 올 때까지 맡아 주는 맞벌이 중심의 정책으로 시작한 겁니다.

정말 아이들을 중심에 놓는 정책으로 전환해야 할 시기인 것 같습니다.

___ 아이들의 눈을 보고 받아들이는 정책의 시작이라는 점에

서는 한계가 분명 있죠. 바뀌고 있나요? 코로나19가 전 세계를 강타했고 모든 가정을 덮쳐버렸어요. 이럴 때 기관에 아이를 보내지 않더라도 서로 안아 주면서 전 가정이 아이의 소중함을 느끼는 계기가 되었으면 해요. 그러려면 내려놔야 하죠. 인생의 가장 불안한 시기에 어떻게 서로를 위로하고 헤쳐 나가는지 모범도 보여 주면서요. 왜 이런 불행이 왔는지 설명도 해 주고, 이런 감염병이 다시 오지 않게 하기 위해서 집단 지성을 모으는 일들이 진행되면 좋았을 텐데요. 참 안타까워요. 이런 논의보다는 학습 결손 때문에 태블릿 제공 문제가 먼저 대두되었잖아요.

공영형 유치원은 저렴한 원비에 질 높은 교사, 공공이 투명하게 관리하는 시스템으로 많은 학부모들이 선호한다. 하지만 최근 광주의 최초 공영형 유치원인 인양유치원이 교육부의 공영형 유치원 예산 삭감 및 사업 종료로 인해 2022년부터 기존 사립유치원처럼 운영될 상황에 놓였다.

많은 학부모들이 선호하는 공영형 유치원이 확대되어야 하지 않을까요?

_____ 공영형 유치원 제도는 유아무상의무교육의 방향성을 놓

고 볼 때도 지속적으로 진행해야 하는 중요한 유치원 정책입니다. 교육부가 공영형 유치원 사업을 종료한 이유로, 특별교부금 지원기간이 3년이고 그 이후에는 교육청에 위임하려고 했다고 이야기하고 있어요. 하지만 이는 유아교육에 대한 정부의 방향성과 철학이 부재하기 때문이라고 생각합니다. 사립유치원의 법인화 정책은 학교정책의 핵심입니다. 공영형 유치원 정책의 방향 제고가 필요한 시점입니다.

학부모들은 어린이집은 공공의 영역, 유치원은 사적인 영역으로 구분하기도 해요.

____ 어린이집이 공공의 영역이고 유치원은 사적인 영역이라는 말은 전혀 맞는 말이 아니에요. 공공성과 사사성의 개념은 기관으로 구분될 수 없고, 설립 유형으로 나눠지는 개념도 아니기 때문입니다. 영유아기에 국가투자가 높아질수록 그 효과성이 크다는 많은 연구들이 뒷받침하듯이 영유아기에 적절한 행·재정적 지원은 국가의 인적자원의 기초를 마련한다는 측면에서 유의미해요. 이에 현재 유치원과 어린이집에 재원하는 영유아를 대상으로 국가의 막대한 재원이 투입되고 있고, 국가의 거버넌스 수준도 더 높아지고 있는 추세입니다. 시대정신을 고려할 때도 영유

아의 교육과 보육은 더 이상에 민간 영역에 맡기기보다 국가의 책임하에 질 높은 교육을 제공하는 방향으로 가는 것이 적합하다고 봐요. 국가의 통제가 높은 곳의 질이 떨어지고, 민간에 맡길수록 교육의 질이 높아진다는 생각도 적절하지 않다고 봅니다. 공립과 사립의 질적 격차를 줄이고 불평등을 줄이는 방향으로 제도의 방향이 설정되어야 하겠죠.

2018년을 강타한 '한유총 사태'는 유아교육의 공공성에 대한 경종을 울렸습니다. 하지만 시간이 지나고도 크게 바뀐 부분은 없는 것 같습니다. 에듀파인이 도입되었는데, 현재 어린이집과 유치원에 어느 정도 정착되었나요? 현장에서 발생하는 문제들이 있을 것 같습니다.

_____ K 에듀파인은 유치원에 전면 도입되어 있습니다. 어린이집은 학교시스템이 아니므로 에듀파인 적용 기관이 아니죠. 에듀파인 적용으로 회계제도는 마련됐고요. 현장에서 이에 적응해 나가기 위해 교육청과 유치원 단위에서 많은 노력을 기울이고 있어요. 하지만 여전히 사립유치원에서는 지원인력이 부족한 실정이므로 이에 대한 개선이 필요하다고 봅니다.

\# (사)한국어린이집총연합회의 2021년 8월 조사에 따르면 "모든 아이들에게 차별 없는 돌봄 서비스를 제공하기 위해 유치원-어린이집 과정을 하나로 통합하는 '유보통합'에서 관할 부처를 교육부로 해 달라는 의견이 80.6%"로 압도적이었다.

오래된 난제, 유보통합

시스템 이야기를 해 보죠. 현재 유치원과 어린이집은 따로 존재하고 관할부처도 유치원은 교육부, 어린이집은 보건복지부로 다릅니다. 하지만 대부분 성인들은 그 차이를 모르다가 자녀를 출산하고 어린이집이나 유치원에 보내면서 서로 다름을 인지하게 됩니다. 유치원 교육과 어린이집 보육이라는 구분은 언제 어떤 계기로 시행되었는지요?

＿＿＿ 유치원과 어린이집(탁아소)의 출발점이 달랐고, 근대에 접어들어 학교 등의 제도 도입과 더불어 진행되었죠. 유치원은 중산층 자녀를 위한 초등준비기관에서 시작되었고, 어린이집은 저소득층 영유아의 돌봄과 보육에서 시작되었습니다. 이에 유치원은 교육 중심, 어린이집은 보육과 돌봄 중심으로 운영되어 왔죠.

그러나 지금은 두 기관의 경계가 모호해지고 있고, 세계적으로도 각 국가의 역사와 제도, 상황에 맞게 유보분리 또는 유보통합 형태로 운영되고 있습니다.

아이들 연령대는 같은데, 아이를 맡기는 기관과 그 기관을 담당하는 관할 부처가 다른 것은 난센스로 보입니다. 유보통합은 오래된 난제입니다. 현재 유보통합 논의는 어디까지 진행됐나요?

___ 유보통합은 3~5세의 유보 격차를 해결할 수 있는 유일한 방법입니다. 현재 한국어린이집총연합회(한어총)의 80% 이상, 국공립유치원교원연합회 등이 유보통합을 찬성하는 입장이고, 유치원 쪽에서는 일부 반대하는 입장이 있습니다. 유치원 쪽은 유아학교로 명칭변경을 원하고 어린이집은 유보통합을 대체적으로 원하고 있으니, 이는 새 정부가 유보 격차를 완화하고 통합적 관점에서 질 높은 유아교육과 보육을 제공하는 쪽으로 방향을 설정하는 것이 지금 시점에서는 매우 중요하다고 봅니다. 영유아 교육을 중심으로 보육과 돌봄이 함께 가는 방향으로 유아교육과 보육의 방향을 재설정해야 한다고 봅니다.

유보통합이 가야 할 길이라면 그 길을 가로막는 가장 큰 장애물은 무엇인지, 또 어떤 해결방안이 있을지 궁금합니다.

___ 현재 어린이집은 누리과정과 누리과정 예산을 모두 교육부를 통해 제공받고, 복지부가 관리하는 형태입니다. 예산과 교육과정을 지원하고 있는 부처에서 자격 관리, 교사 관리, 장학제도 관리 등을 할 수 있어야 하고 하나의 통합된 거버넌스하에 유아가 차별 없이 교육과 보육을 받을 필요가 있죠. 정부조직 개편을 통해 0~5세 영유아 정책이 일관성 있게 가는 방향으로 로드맵을 가져가야 한다고 봅니다.

학령인구 감소의 시대이다. 어린이를 어린이답게 키우고 존중하기 위해 어린이집과 유치원의 물리적 환경도 변화해야 한다는 주장에 힘이 실리고 있다. 독일은 교실 벽을 유리 통창으로 대체하는 방법으로 교실을 공개해서 교사가 아이들을 하나의 인격체로 존중하며 대한다는 사례도 언론을 통해 알려졌다. 하지만 우리나라에 도입한다고 하면 당장 교사 인권침해 논란이 나올 수도 있다. 코로나19 이후 어린이집과 유치원의 물리적 환경은 어떻게 변화해야 할까? 또 그 안에 어떤 가치를 담아야 할까?

미래의 어린이집, 유치원의 모습, 바람직한 공간에 대한 이야기를 듣고 싶습니다.

___ 알랭 드 보통은 『행복의 건축』이라는 책에서 '장소가 달라지면 나쁜 쪽이든 좋은 쪽이든 사람도 달라진다'라고 말했습니다. 건축물, 즉 공간이란 '무엇을 위해 지어진 곳인가'라는 건축물의 쓰임과 목적을 반영하겠지요. 유아들을 위한 공간은 미래 세대의 발달을 위해 교육하며 부모를 대신해 안전하게 보호하는 목적에 맞게 만들어진 곳입니다. 그래서 그 공간의 건축물을 보면 교육철학이 드러나지요. 세계 최고의 유아교육 프로그램이라 꼽히는 이탈리아의 레지오 에밀리아 유치원은 그 독특한 공간으로도 잘 알려져 있습니다.

어떤 부분이 인상적이셨나요?

___ 아이들의 다양한 활동과 작품으로 이루어졌다는 점 외에도 유치원 가운데 있는 중앙공간이라는 토의공간이 제겐 인상 깊었어요. 구성원의 언어와 표현이 모두 한 곳으로 모이는 민주주의의 상징처럼 보이더군요. 반면에 우리 유아교육 기관들은 일렬로 배열된 공간과 책상 배치라는 초등학교 교실을 닮은 공간이 대부분입니다. 교사가 앞에서 대집단에게 설명하고 아이들은 조

용히 들어야 하는 구조를 벗어나긴 힘들지요.

서로 소통하는 공간 구조가 중요하다는 지적이시네요.

＿＿ 그렇습니다. 영유아들의 발달 상황을 고려해 오감을 자극하는 공간, 놀이와 활동이 자유로운 공간, 또래들과 상호작용이 편안하며 충분한 휴식이 보장되는 공간의 요소가 실내외에서 다 고려되어야 할 것입니다. 그리고 영유아들을 지원하는 교사도 함께 고려해야겠죠. 인권침해의 요소가 있다면 구성원들끼리 협의하고 해결방안을 만들어 가야 합니다. 교사가 편하고 안전한 환경이어야 아이들도 편안합니다. 영유아의 인권과 더불어 교사들의 인권도 고려하는 정책이 되었으면 합니다.

코로나19는 노인 요양원 모델에서 감염에 매우 취약하다는 사실이 확인되기도 했습니다. 유럽 국가들 중에는 어린이집 가까이에 노인시설을 짓는 곳도 있는데요. 과거 세대 분절적 노후 공동체 모델의 한계를 극복하고 세대 통합적 모델을 추구함으로써, 다양한 세대가 자연스럽게 부딪치며 소통하는 기회를 제공하기 위해서라고 합니다. 우리의 유아교육에 시사하는 바가 많은 것 같습니다. 한국 사회에도 추진 가능성이 있는 이야기일까요?

___ 노인과 영유아들은 각기 생애주기에서 다른 발달과제를 안고 살아가고 있지만 돌봄이 필요하다는 점에서 일치하다고 봅니다. 우스갯소리로 어린이집 영아반 교육계획안과 노인 요양시설 활동계획안이 같다는 이야기도 있어요. 여러 세대가 함께 살았던 마을공동체 사회에서는 어린아이들과 노인 세대가 자연스럽게 같이 거주하며 살아가고 있었지요. 그런 경우 대개 청장년들이 함께 두 세대를 아우르며 돌봄을 했고요. 어릴 적 할머니와의 추억을 기억하는 중년 세대들도 아직 우리 사회에 있습니다.

지금은 영유아, 노인을 위한 기관이 독립적으로 운영되죠.

___ 네. 노인을 위한 요양시설과 영유아를 위한 기관들이 각자의 전문성을 가지고 독립적으로 운영되고 있습니다. 세대 간 통합을 위한 가치의 측면에서 본다면 일정 시간 함께 식물 기르기 등과 같은 자연친화적 활동을 하는 등의 교류가 적당할 수 있겠습니다. 같은 공간을 나누어 쓰는 것은 각각의 돌봄의 특성이 가려지기 때문에 적절하지 않을 것 같아요.

포스트 코로나 시대 유아교육에서 가장 중요하게 가르쳐야 할 가치는 무엇일까요?

___　우리는 아이들에게 가르칠 것을 찾기 전에 우리 스스로에게 물어야 합니다. 코로나19라는 상황은 왜 일어나게 되었는가? 그것은 우리에게 무엇이었나? 이후에 우리는 어떤 세상으로 나아가야 하는가? 또 다른 세상은 그전에 일어났던 일에 대한 반성적 성찰 위에 만들어져야 합니다. 저는 그런 면에서 코로나19를 겪고 있는 우리 모두를 위해 기록의 아카이브가 필요하다고 봅니다. 코로나19 때문에 공부가 뒤처지는 것보다 더 중요한 것은 전대미문의 연결 단절로 인한 우리 모두의 정신 건강입니다. 그리고 나서 다시 이런 일이 생기거나 장기화되는 일이 왔을 때도 그때의 일을 반면교사로 삼아 더 현명하게 대처할 수 있을 것입니다.

먼저 코로나19에 대한 성찰이 필요하단 말씀이시고요. 그다음은요?

___　제가 생각하기에 가장 중요한 가치는 '우리는 모두 연결된 존재'라는 것입니다. 서로의 안전을 위해서는 거리 두기를 해야 하고 접촉할 시에는 위생을 지켜야 하는 존재가 타인입니다. 그러나 동시에 우리를 안전하게 지켜주기 위해 의사와 간호사 등 필수인력이 있어야 합니다. 고로 인간은 서로에게 연결되어야 하는 존재이며 내가 안전하지 않으면 모두가 안전하지 않다는 것입

니다. 가난한 나라에 백신을 나눠 주지 않으면 코로나19의 종식은 있을 수 없습니다. 지구는 하나이며 하나로 연결된 존재입니다. 우리가 안전하기 위해서는 지구 위에 있는 동물들을 비롯한 모든 존재들을 함께 안전하게 생존하도록 보호해야 합니다. 학과 공부만 걱정할 것이 아니라 생태계 전반에 대한 전환적 교육이 필요하다고 봅니다.

2장

유튜브로 공부하는 아이들,
교실은 어떻게 달라져야 할까?
(초·중등교육)

조 희 연
서울특별시교육감

전북 정읍 출생. 전주 북중학교와 서울 중앙고를 거쳐, 서울대 사회학과를 졸업하고 연세대 사회학과에서 박사 학위를 받았다. 미국 남가주대(USC)에서 한국학 객원교수와 일본 케이센대, 대만 국립교통대, 영국 랑카스터대, 캐나다 브리티시컬럼비아대(UBC)에서 교환교수를 지냈고 비판사회학회장, 학술단체협의회 공동대표 등을 역임했다. 성공회대 사회과학부 교수이자 민주주의연구소장, 시민사회복지대학원장을 지냈으며 제20·21대 서울특별시교육감이다. ⟨Inter-Asia Cultural Studies: Movement⟩ 편집위원으로 참여하고 있다. 1988년 22개 진보적 인문사회과학연구단체의 연합체인 학술단체협의회 창립에 참여했으며, 1994년 참여연대 창립에 주도적으로 나서며 초대 사무처장을 역임했고, 민주화를위한전국교수협의회 상임의장을 역임했다. 주요 저서로는 『계급과 빈곤』, 『현대 한국 사회운동과 조직』, 『한국의 민주주의와 사회운동』, 『한국의 국가·민주주의·정치변동』, 『비정상성에 대한 저항에서 정상성에 대한 저항으로』, 『지구화 시대의 국가와 탈국가』 등이 있다. 민주화운동, 시민운동, 교수운동, 학술운동의 경험을 종합하여 한국정치와 사회운동의 역동적 상호관계를 다룬 『투트랙민주주의: 제도정치와 운동정치의 병행 접근(전 2권)』을 출간한 바 있다. 교육 관련 저서로는, 『병든 사회, 아픈 교육』, 『태어난 집은 달라도 배우는 교육은 같아야 한다』, 『일등주의교육 넘어』, 『교육감의 페이스북: 특별하지 않은 꽃은 없다』 등이 있다.

◆

학교가 문을 닫자 아이들의 삶도 멈췄다

2020년은 전 세계를 덮친 코로나19가 교육 현장인 학교까지 멈춰 세웠던 해였습니다. 가장 어려웠던 점은 무엇이었나요?

___ 코로나19로 인해 학교가 문을 닫았습니다. 사상 초유의 사태였죠. 학교 기능이 정지되면서 여러 가지 어려운 문제를 겪어야 했습니다. 개학을 연기하면서 학사일정을 마냥 미룰 수도 없는 상황이었고, 학교를 통해 돌봄을 받는 학생이 방치되는 상황까지 다다랐습니다. 또, 코로나19가 해를 넘겨 장기화하면서 교육 격차 문제도 대두되었죠.

여러 가지 문제를 종합적으로 말씀해 주셨는데요. 하나씩 짚어가

보죠. 원격교육부터 보자면 준비가 미흡했다는 지적이 많았어요.

　　　　그렇습니다. 원격수업으로 전환해서 운영할 때도 IT(Information Technology, 정보통신기술) 강국이라는 말이 무색할 정도로 학교 IT 인프라는 열악했고요. 교사와 학생의 IT 활용 소양 역시 부족했습니다. 마을버스나 지하철에서도 쓸 수 있던 무선인터넷을 정작 학교에서는 사용할 수 없었어요. 노트북, 마이크, 스피커, 카메라 같은 수업 장비 역시 턱없이 부족했습니다. 심지어 수업 콘텐츠를 제작할 만한 마땅한 스튜디오 공간이나 편집 인력도 없었어요.

인프라 부족뿐만 아니라 IT 기기를 수업에 접목, 아니 적응하는

것부터 교사들이 많이 애를 먹었죠.

　　　　교사뿐만 아니라 학생의 IT 활용 소양도 매우 부족했죠. 학생은 IT 기기 사용에 충분히 능숙하다고 생각했거든요. 하지만 실제로는 단순한 검색과 게임 정도만 할 뿐 장비들을 활용해 학습해 나가는 경험이 거의 없었다고 봐야죠. 교사 또한 IT 기기를 활용한 수업에 적응하느라 시간이 많이 필요했습니다. IT 소양 교육을 꾸준히 해야 했는데, 너무 안일하게 하지 않았나 반성하

게 된 계기였습니다.

젊은 교사들 중심으로 이른바 '쌤튜버(선생님＋유튜버의 합성어)'도 등장했죠. 획일화된 온라인 강좌보다 학생에게 다가가 호응이 좋았습니다.

___ 맞습니다. 일부 젊은 교사들이 활용하는 유튜브 등이 하나의 교수학습 방식으로 갑자기 자리를 잡았습니다. 온라인 수업을 위한 다양한 시스템이 등장하면서 일부 젊은 교사들에 의지해서 교수 학습자료가 만들어지고, 이것을 활용하는 연수를 진행하기도 했어요. 오히려 고경력 교사가 저경력 교사에게 배우는 리버스 멘토링(reverse mentoring, 역멘토링)이 된 것이죠. 코로나19 상황에서 맞이한 초기 원격수업은 교사들끼리 배우고 익힐 시간 여유가 없었는데, 서울시교육청은 이런 교사들의 자발적인 커뮤니티 우수 사례를 적극적으로 공유하도록 지원하기도 했습니다.

코로나19가 강제로 소환한 온라인 교육은 이제 학교 현장에서는 피할 수 없을 것 같습니다. 2020년 초등학교에서 진행한 온라인 교육은 EBS 온라인 클래스가 큰 부분을 차지했죠. 시간이 지나면서 줌(Zoom) 등을 활용한 온라인 화상 수업은 주 2회 정도에서 차츰 빈도를 늘려갔고요. 포스트 코로나 시대의 수업 현장에서 온라인 교육은 어떤 방향으로 정립되어야 한다고 보시나요?

___ 원격수업은 '갑자기 찾아온 미래'라고 불립니다. 지적하신 대로 초기에는 큰 우려와 시행착오가 있었지만 지금은 어느 정도 안정된 상태라고 봅니다. 물론, 대면수업을 전면 대체하기는 어렵겠죠. 대면수업과 원격수업을 병행하는 방식이 미래를 준비하는 'K-에듀'의 길이라 생각합니다.

디지털 격차가 해소되지 않은 상황에서는 원격수업이 오히려 학생 간 학습 격차를 더 키울 수도 있어 보이는데요.

___ 물론 한계도 명확하죠. 하지만 적극적인 행정으로 극복할 수 있다고 봐요. 실제로 서울시교육청은 형편이 어려운 가정에 디지털 기기를 대여하는 등 다양한 경로로 디지털 격차를 줄이려는 시도를 했습니다. 물론 이런 노력은 더 강화해야 하겠지만요. 원격수업이 지닌 강점과 가능성은 분명 있습니다. 지금은 이를 확인하는 시기이기도 해요. 원격수업을 통해 학생과 교사가 더 긴밀하게 소통한 사례도 있거든요. 감염병 위험이 사라진 뒤에도 이런 가능성은 더 키워 가야 한다고 봅니다.

원격수업과 대면수업의 병행을 말씀하시는 거죠?

      그렇습니다. 포스트 코로나 시대에도 원격수업은 일정한 역할을 할 거예요. 온라인과 오프라인 수업을 결합한 방식, 즉 진정한 의미의 블렌디드 러닝(Blended Learning, 온·오프라인 학습을 결합한 학습방법)이 자리 잡는 것이죠. 원격수업과 대면수업은 서로를 대체하는 관계가 아니라 오히려 상호보완하는 관계였죠. 대면수업의 한계를 원격수업으로 보완하고, 원격수업의 한계를 대면수업으로 보완하는 균형이 중요해요.

디지털 격차, 학습 격차로 이어지다

다음으로는 여러 언론에서도 지적한 '학습 격차' 문제를 이야기해 보죠. 해를 넘기는 등교 중단 상황에서 학생의 기초학력 격차가 심각한 수준으로 벌어졌다는 통계도 발표됐습니다. 어떻게 공부해야 할지 모르고 방치되는 아이들이 너무 많아요.

      매우 심각한 상황이라는 점을 엄중하게 인식하고 있습니다. 특히 2020년에 입학해서 2021년에 2학년으로 올라간 학생들이 많이 걱정됐어요. 학교에 적응할 기회조차 얻지 못했기에 학력 부진의 정도조차 파악하기가 어렵거든요. 현장 교사들의 이야기를 들어보면, 예전에는 상상할 수조차 없었던 격차가 생겼다고 말합니다. 저학년 시기에 생긴 격차는 두고두고 부작용을 낳을 수 있어요. 학교의 역할에 공백이 생기면서 가정 형편이나 성적이 중간 이하인 학생과 그렇지 않은 학생 사이의 격차가 지나치게 벌어졌어요. 이 문제를 풀기 위한 행정적인 첫걸음이 학교의 공백을 메우는 것이라 보고, 등교 확대를 지속해서 추진했고 전면등교도 시행했습니다.

전면등교가 완전한 해결책은 아니지 않습니까? 전면등교는 이미 코로나19 이전에 시행하던 제도였고요.

___ 코로나19 사태 이전에도 교육 격차와 교육 불평등은 중요한 문제였습니다. 하지만 감염병 사태로 등교 제한 기간이 장기화하면서 교육 격차가 새로운 국면에 접어들었어요. 등교 확대를 통해 이미 벌어진 격차가 당장 줄어들지는 않겠습니다만, 격차가 더 벌어지는 것은 어느 정도 막을 수 있다고 봅니다. 이미 벌어진 격차를 줄이려면 행정의 적극적인 개입이 필수적이라고 생각하거든요. 그간 서울시교육청이 '정의로운 차등'을 강조했는데, 코로나19 사태 이후에 이것이 더욱 중요한 방향이 되었다고 봅니다.

'정의로운 차등'이 무엇입니까?

＿＿ 공공성을 실현하는 또 다른 축이라고 보면 될 것 같아요. 각자 태어난 환경이 다르고 저소득층이라고 해도 교육만큼은 전혀 차별 없이 성장할 수 있도록 해야 한다는 의미예요. 교육에서는 오히려 역차별적 지원으로 저소득층 가정의 어려움을 상쇄해주는 방법이 필요합니다. 최근 고등학교까지 무상교육과 무상급식이 이루어졌잖아요. 결국 경제적 차이에 따른 고교 교육 차별이 완화되는 효과가 분명히 있다는 것이죠. 부모의 경제적 격차가 교육 격차로 이어지지 않도록 역차별적 지원이 가능한 정의로운 차등을 교육에서 꼭 이루어야 한다고 생각합니다.

학습 격차가 생기는 이유로 여러 가지를 꼽습니다. 한 가지 지적 대해 교육감님께 질문드리고 싶어요. 학습 발달 수준이 다른 아이들을 한 학년에 1년이라는 단위로 구분 지어 놓기 때문이라는 것이죠. 온라인 교육이 가능해진 코로나19 시대에 '학년 구분'이라는 함정을 벗어나는 교육은 불가능한가요?

＿＿ 물론 학습수준이나 발달단계에 따라 학년을 구성하고 학급을 편성해 지도한다면, 학습 측면에서는 좋은 효과를 거두겠죠. 하지만 우리나라는 같은 나이, 즉 또래가 같은 학년으로 편성

되는 시스템을 오랫동안 시행해 왔어요. 아주 특별한 사유가 없다면 유급도 없죠. 학부모뿐 아니라 우리 국민 대다수도 그렇게 생각하고 있습니다. 오랫동안 유지된 이 틀을 깨기보다는 오히려 지금의 학년과 학급 편성 체제를 유지하면서 온라인 교육을 통해 학생 맞춤형 개별화 교육으로 가는 게 좋다고 봐요. 동급생끼리 학습하고 배우면서 유대감을 기르고, 온라인 교육을 통해 부족한 부분을 채워 나가는 방법으로 학습 격차를 줄여 가야죠.

학령인구 감소 시대, 학급당 적정 학생 수는?

알겠습니다. 이번에는 오랫동안 논란이 되고 있는 학급당 적정 학생 수 이야기를 해 보죠. 2020년 신생아 수는 27만 명 수준으로 떨어졌습니다. 본격적으로 학령인구 감소 시대를 대비해야 하는데요.

____ 우리나라에서 학교 교육은 주로 학급 단위로 이루어집니다. 따라서 학급당 적정 학생 수는 교육의 질을 높이는 데 결정적인 역할을 하죠. 이건 효과적인 교수학습 활동과 생활지도, 학업 성취도 제고, 교직원 근무 여건 개선 등 교육활동 전반에 긍정적

인 영향을 미치는 요소예요. 또 수업 내실화를 위해서도 교사 1인 당 학생 수보다는 학급당 학생 수가 중요한 의미를 갖습니다.

서울 대다수 초등학교는 한 학급에 20명 내외의 학생이 생활합니다.

___ 특히 코로나19 위기를 맞으면서 학급당 학생 수 감축의 중요성은 그 어느 때보다 커지고 있습니다. 4차 산업혁명 시대, 인공지능(AI) 시대에 우리 학생들이 개개인의 소질과 특성을 최대한 발현해 미래 사회에 적합한 인재로 성장하기 위해서는 '학생 맞춤형 교육'이 실현되어야 하는데요. 이를 위해서도 학급당 학생 수는 더 줄어야 하겠죠.

포스트 코로나 시대, 학령인구 감소 시대에는 학급당 학생 수가 20명보다 적어야 한다는 말씀이시죠?

___ 그렇습니다. 장기간에 걸친 온-오프라인 연계수업으로 인해 교육 공백과 학습결손 우려가 커지고 있어요. 코로나19를 극복한 이후에도 교육 격차 심화 같은 부정적인 영향이 클 것으로 예상합니다. 언제라도 등교가 중지되거나 등교 수업과 온라인 수업 병행이 일상화될 수 있는 감염병의 세계적 대유행 시대에,

방역의 핵심인 학교 내 물리적 거리 두기와 원활한 쌍방향 온라인 수업 진행을 위해 학급당 학생 수 감축은 필수적입니다.

'교사 1인당 학생 수가 줄어드는 지금이 교원 수를 늘리는 적기'라고 말씀해 오셨죠. 머지않은 미래에 도래할 현실일까요?

___ '학급당 학생 수 20명 시대'를 열어 가자는 건 사실 제가 했던 제안이었습니다. 하지만 교육부는 기획재정부(기재부)의 논리를 이기지 못하고 있어요. 기재부는 인구 급감으로 인해 3~4년 안에 교사 1인당 학생 수가 OECD 평균을 웃돌 것으로 예상하고 있어요. 그렇기 때문에 교원 증원이 재정적으로 오히려 타당하지 않다고 지적했고, 또 학생 수가 급감하니 교육재정도 줄여야 한다는 논리이죠. 교육부 예산의 80%가 교사 급여, 공무직 인건비, 하드웨어 개선비 등 경직성 예산인데 이건 감축하기가 어려워서 교원 수를 늘리기는 쉽지 않아 보입니다. 하지만 부모들의 눈높이가 높아지고 있어요. 한때는 민주화에, 이제는 사회경제적 평등에, 더 나아가 기본소득을 요구하는 시대 아닌가요? 기재부의 경제 논리가 아니라 부모의 눈높이에 부응하는 방식으로 가야 하지 않을까요?

'1학급 3담임제' 같은 복수의 교사를 배치하는 방안도 얘기가 되는데요. 포스트 코로나 시대에 우리나라 초·중·고등학교에서 실현 가능한 일일까요?

___ 교사 1명이 70~80명의 학생을 맡아 지도했던 시절에 비하면 20명은 확실히 적죠. 하지만 계속해서 말씀드렸다시피 더 줄어들어야 합니다. 교사 한 명이 지도해야 할 학생 수가 10명 이하면 그 효과는 당연히 더 클 겁니다. 자연스럽게 기초학습 지도에도 더 신경을 쓸 수 있으니까요. 물론 한 교실에 교사가 2~3명 들어가는 방법도 있습니다. 서울시교육청도 '더불어교사제'를 시행했고, 앞으로 초등학교 1, 2학년 교실에는 협력강사제도를 도입해 운영할 계획입니다. 이에 대한 효과성은 더 많이 검토해 보고 의견을 수렴해야겠죠.

교사, 지식전수자에서 조력자로

논의를 교사 중심에서 아이들 중심으로 옮겨 보죠. 우리 교육은 아이들을 한 줄로 늘어놓은 책상에 앉혀 동일한 지식을 같은 기간에 전달해 왔습니다. 과정은 표준화되어 있고요. 그러니까 아이들은 단 한 번도 교육에서 주인공으로 대우받지 못했던 것이죠. 코로나19로 교사 한 명이 대본을 쓰고 수십 명의 아이들을 관객으로 만드는 교육을 벗어나야 할 시기가 왔다고 보시나요?

___ 교사가 지식을 일방적으로 전달하는 수업 방식은 이미 내리막길을 걷고 있습니다. 교사 역시 이런 교수학습 방식이 학생들에게 잘 통하지 않는다는 것을 알고 있어요. 그래서 학생의 눈높이에 맞고, 학생이 주인공이 되는 교수학습 방법을 부단히 연구해 왔죠. 이번 코로나19로 발견한 사실이 있습니다. 그동안 교실에서 조용히 앉아만 있던 학생들이 온라인상에서는 적극적이고 능동적으로 바뀌어 수업에 참여하고, 본인의 의견을 잘 피력했다는 점입니다. 또, 소규모 그룹을 지어 토론할 때도 교실에서보다 더 활발하게 참여했다고 해요. 물론 일부 사례일 수 있지만 디지털 세대에 맞는 교육이 차츰 시작되고 있다고 봅니다.

교사의 역할이 바뀐다는 말씀이죠.

___ 그렇습니다. 교사는 학생들이 온라인상에서 스스로 학습하고 배워 나갈 수 있도록 도와주는 조력자로 변화하고 있습니다. 학생들은 교사의 안내를 바탕으로 온라인상에서 수많은 사람과 소통하면서 학습해요. 이제는 교사 한 명이 주도하는 수업이

아니라 학생 스스로가 주도하는 수업으로 바뀔 거예요.

현 규정상으로는 교사 연수가 2급 정교사에서 1급 정교사로 될 때 한 번뿐입니다. 한번 교사로 임용되면 퇴직까지 단 한 번의 연수만 있다는 것은, 우선 교사 자신의 성장에도 플러스 요인이 될 것 같지는 않아 보입니다. 그리고 아이들에게는 더더욱 좋지 않은 영향을 끼치지 않을까요?

_____ 맞습니다. 교사 연수에 대해서는 제도적 정비가 필요하다고 생각해요. 그래서 서울시교육청은 교사의 생애주기별 연수 프로그램을 시행하고 있어요. 교사의 교직생애를 입직기(신규 임용), 적응기(2년), 성장기(10년), 발전기(20년), 심화기(퇴직 예정)로 나눠 각 시기에 요구되는 역량 중심으로 교육과정을 구성했습니다. 각 시기의 교사들이 자율적으로 연구과정을 선택해 이수할 수 있도록 운영하고 있어요. 미래 사회와 교육환경 변화에 따른 교원 전문성 신장을 위한 교육도 매년 일정 시간 이상 이수하도록 했습니다.

이른바 '디지털 네이티브' 세대인 학생들을 지도하기 위한 전문성도 필요하죠.

_____ 디지털 네이티브 학생들을 지도하기 위한 교사들의 전문성 신장이 그 어떤 때보다 필요한 상황입니다. 우리 선생님들은 해를 넘기고 있는 코로나19 상황에서 놀랍도록 무서운 속도로 원격수업 방식을 흡수했어요. 학생들과 소통 방식도 바뀌었고 원격수업에 맞는 교수학습 방법을 찾았죠. 교육청이 주도해서 한 것이 아니라 교사 스스로 필요 때문에 전문성을 신장시킨 겁니다.

이런 교사를 위한 제도적·행정적 뒷받침은 어떻게 하고 계시나요?

_____ 서울시교육청은 자발적으로 구성된 교사 커뮤니티의 노하우를 정리해 공유하고 널리 알리는 역할을 하고 있습니다. 교사들은 이를 통해 스스로 전문성을 신장해 갈 것이고요. 가르치는 방법이 변화하면 5지 선다형으로 보던 평가 방식도 바뀌어야 하고, 각종 디지털 도구를 활용할 수 있는 알맞은 교육환경도 갖추도록 해야겠죠.

2035년 서울, 등굣길 학생들 표정이 호기심과 생기로 넘쳐난다. 학교 종류가 다양하기도 하지만 각 학교에서 운영하거나 연계한 프로그램도 여럿이다. 네모와 네모로 결합되어 있던 예전 학교의

모습은 이제 다큐멘터리에서나 볼 수 있다. 16세 주희는 올해 '우주의 신비와 우주의 생활'을 집중 이수한다. 수학·과학·천체물리 이론이 결합된 수업이다. 최첨단 IT 기술과 접목된 교수학습 기자재를 활용한다. 정규 선생님과 튜터 로봇이 한 팀을 이루고, 인근 대학 우주과학실 연구팀이 멘토로 참여한다. – 한국교육개발원이 예측한 미래 교육 가상 시나리오를 재구성한 사례

미래학교의 모습: 창덕여중과 혁신미래학교

이번엔 미래학교의 모습을 이야기해 보죠. 미래학교 하면 창덕여중을 빼놓을 수 없습니다.

＿＿＿ 서울시교육청은 1941년 개교한 창덕여중을 '서울미래학교'로 선정하고 ICT(Information and Communication Technologies, 정보통신기술) 기자재를 보급했습니다. 스마트교실을 구축하기 위해 '1인 1디바이스'를 갖추도록 지원했습니다. 교사는 수업 내용을 촬영해 클라우드나 유튜브에 올리고, 학생은 전자노트에 필기해 필요할 때마다 저장된 필기 자료를 꺼내 복습합니다. 창덕여중의 외관에서 켜켜이 쌓인 과거 역사의 흔적을 볼 수 있다면, 최

첨단 시설로 새단장한 내부에서 공부하는 학생들에게서는 미래의 모습을 엿볼 수 있습니다.

혁신미래학교도 운영하고 있고요.

＿＿＿＿ 그렇습니다. 서울시교육청은 AI 시대 미래형 학교 모델인 혁신미래학교 7곳을 운영하고 있어요. 혁신미래학교는 미래형 교육과정과 학교 환경, 도전하고 성장하는 교원, 공유-협력의 학교 문화를 중점 과제로 추진하는 학교로 미래 사회에 가장 적합한 학교모델입니다.

미래학교로는 창덕여중 1곳, 혁신미래학교 7곳을 더해도 8개 교입니다. 나머지 1,303개 서울시 초·중·고등학교는요?

＿＿＿＿ 저희 역시 매우 아쉬워하는 부분입니다. 서울 초·중·고등학교 모두를 미래학교로 운영할 수 있다면 정말 더할 나위가 없을 텐데요. 문제는 늘 예산이죠. 기대하고 있는 것이 교육부의 '그린 스마트 미래학교 정책'입니다. 서울시교육청은 '한국판 뉴딜' 정책에 스마트·그린·공유경제를 융합한 학교시설 개조 프로젝트인 '학교 현대화 뉴딜, 미래를 담는 학교' 추진을 포함해 줄 것을 제안했고, 교육부가 이를 수용해 현재 진행하고 있습니다.

예산이 늘 문제이죠. 하지만 말씀하신 것만으로는 여전히 부족해 보입니다.

___ 코로나19 사태로 갑자기 다가온 미래를 맞이하기 위해 학교에 비대면 수업이 가능한 스마트 환경, 지속 가능한 미래를 위한 책무를 담은 그린 환경을 조성해야 하는 건 시급한 일이죠. 하지만 완전히 노후화된 서울 학교 리모델링 추진에만도 약 21조 원의 재원이 소요되는 것으로 추정하고 있어요. 서울시교육청 1년 예산이 대략 10조 원 정도인 상황에서 리모델링 사업을 전면으로 추진한다는 건 안타깝지만 불가능한 일이죠.

아쉽네요. 미래학교를 말할 때 빼놓을 수 없는 것이 공간 문제입니다. 좀 극단적으로 말해 보죠. 유현준 홍익대 건축학과 교수는 학교 구조가 '교도소'와 흡사하다고 지적합니다. 아이들을 통제하기 쉬운 구조라는 뜻이죠. 수직적인 구조에서는 대한민국의 미래를 책임질 아이들의 자율성과 창의성 발현을 기대하기는 어려워 보이는데요.

___ 지적하신 대로 지금의 학교 공간은 수십 년 전부터 이어 온 낡은 구조입니다. 그래서 '꿈을 담은 교실'(꿈담교실)이라는 학교 공간 재구조화 사업을 추진했어요. 교실을 학생들의 꿈과 재

능이 발휘될 수 있도록 창의적이고 감성적인 공간으로 재구성하는 사업입니다. 학생과 학부모가 직접 설계에 참여해 공간을 변화시켰죠. 꿈담교실을 통해 변한 학교는 더 이상 예전의 우리가 다녔던 시절의 낡은 직사각형의 공간이 아닙니다. 꿈담교실 사업 외에도 다양한 유형으로 학교 공간을 재구성하고 있는데요. 협력종합예술 교실, 다문화 특별학급 교실, 고교학점제를 위한 교실, 어울림 교무-행정실 등의 공간을 재구성함으로써 다양한 미래 교육 공간을 만드는 노력을 하고 있습니다.

꿈담교실 사업은 참 좋더라고요. 기존 학교 공간과는 완전히 다른 공간으로 만들어 아이들도 무척 좋아했던 모습을 취재한 기억도 납니다. 다만 이게 서울시 초·중·고등학교 전체를 대상으로 리모델링하는 것이 아니고 일부 신청 학교를 대상으로 추진하더라고요. 선정된 학교도 학교 전체를 리모델링하는 게 아니라 한 학년 교실만 리모델링하는 방식이고요. 미래학교의 모습을 단지 '보여 주기식'으로 한다는 지적이 나올 수밖에 없습니다.

_____ 저희 역시 모든 학교의 모든 공간을 바꾸고 싶지만 교육 예산은 한정되어 있어요. 다행히 아까 말씀드린 그린 스마트 미래학교 정책이 한국판 뉴딜정책안에 포함되어 있으니, 학교 공간

재구조화 사업이 다소 용이할 것으로 봐요. 개인적으로는 많은 기업이 미래 인재를 양성한다는 관점을 갖고 투자해 주셨으면 하는 바람이 있습니다.

기업이 초·중·고등학교에 투자해 달라는 말씀인데요.

＿＿ 모교를 위한 기부는 이미 있는데 좀 더 활성화되면 좋겠다는 생각이 들어요. 대개 이런 기부는 대학에 집중되어 있습니다. 앞으로는 자기가 졸업한 초·중·고등학교에 애정을 갖고 기부하고 세금 감면 같은 혜택을 받을 수 있다면, 초·중·고등학교 환경개선이 좀 더 빨리 이루어지지 않을까요?

미래학교 공간을 이야기하다 보니 미래 교실도 궁금해지네요. 이제 가상현실(AR)을 넘어 증강현실(VR) 기술을 교육에 도입하는 날도 머지않아 보이는데요. 아이들은 눈앞에서 NASA의 우주정거장을 보는 가상현실에 눈길을 보내지만, 스스로 참여해 상호작용할 수 있는 증강현실에 더 환호합니다.

＿＿ 미래 교실은 물리적 공간이 아닌 가상의 공간이 될 것이라고 봐요. 아까 말씀드린 혁신미래학교 중 중학교 2곳에 가상현실 원격 실시간 교육플랫폼을 활용해 원격수업을 운영했어요. 아

바타 기반 가상현실 서비스로 최대 50명까지 수업에 참여할 수 있고 문서나 유튜브 영상 등 다양한 형태의 자료 공유도 가능한 시스템이에요. 학생들은 각기 다른 공간에서 원격수업을 받았지만, 가상교실에서 친구들과 함께 모여 학습하는 것 같은 실감나는 경험을 했습니다. 비록 지금은 2곳에서 시험 운영 중이지만 미래 교실은 점차 이런 형태로 변화할 것입니다.

미래 교실에서는 인간 교사가 수업하고, 디지털 기기와 로봇 교사가 보조하는 모습일까요? 아이들은 어떻게 공부하게 될까요?

_____ AI는 학생들의 학습 경험을 기록하고 평가해 최적의 학습 내용과 방법을 제공하겠죠. 기존 인간 교사는 학생을 코칭(coaching, 개인이 지닌 능력을 최대한 발휘해 목표를 이룰 수 있도록 돕는 일)하는 조력자의 역할로 변화할 겁니다. 즉 인간 교사는 티칭(teaching, 교사가 학습자에게 지식이나 기술을 전달하는 교육활동)의 개념에서 코칭의 개념으로 바뀌는 것이죠. 지식의 전달자에서 학생의 진로를 설정하고 동기를 부여하면서 학습 효능감을 높여주는 맞춤형 코칭의 역할을 담당하게 될 거예요.

이야기만 들어도 가슴이 뛰네요. 포스트 코로나 시대에 디지털

네이티브 학생들을 위한 교실은 궁극적으로 어떻게 변해야 한다고 생각하십니까?

___ '19세기에 지어진 교실에서, 20세기에 교육받은 교사가, 21세기에 태어난 아이들을 가르친다'는 표현이 자주 생각납니다. 교육과 교육환경의 변화가 더딘 것은 사실이지만, 코로나19로 인해 갑작스럽게 교육방식의 변화가 앞당겨졌죠. 이제는 교실만이 학습의 공간이 아닙니다. 언제 어디서든 학습은 시공간을 초월한 곳에서 이루어질 거예요. 교실은 교사와 학생이 모여 학습하는 공간의 개념에서 교류하는 단위 정도의 개념으로 변화하고, 이런 교실도 물리적 공간이 아닌 가상의 공간에서 다양한 형태로 만들어질 겁니다. 즉, 교사가 늘 같은 패턴으로 학습하는 교실이 지금의 모습이라면, 앞으로는 가상의 교실이 수요자인 학생의 필요에 따라 상시로 만들어지고, 교사뿐만 아니라 다양한 분야의 전문가들이 교사 역할을 하며 수업에 참여하는 모습이 미래의 교실 모습으로 그려집니다. 물론 당장 이루어지지 않겠지만, 우리 교육계는 이런 방향성을 설정하고 지금부터 준비해 나가야 할 것입니다.

대학 입시, 수저론 그리고 공교육의 역할

이제 입시 이야기로 넘어가 보죠. 스카이, 인서울, 지잡대⋯. 참 쓸쓸한 구분 짓기인데요. 이런 '계급'을 받아들이는 아이들을 보는 일은 기성세대로서도 힘들지만 우리나라의 미래에도 희망적이지 않아 보입니다. 고등학생들에게 대학 진학은 꼭 필요한 걸까요?

_____ 요즘은 학문 탐구만을 목적으로 대학에 가는 경우는 드물다고 봅니다. 또 대학이 상아탑에 갇혀 있다는 표현도 이제 어울리지 않고요. 대학 진학의 주목적이 취업이 되다시피 했거든요. 직업, 직장, 고용 형태에 따른 격차가 큰 상황에서 대학은 반드시 진학해야 하는 곳으로 받아들여지는 게 현실이죠.

대학 진학과 관련해서 우리 교육의 불합리하고 불공정한 구조가 많이 지적되었죠.

_____ 저는 크게 두 가지로 보는데요. 첫째는 오로지 시험 점수만으로 학생을 서열화해 이에 따른 보상을 달리하고, 그것이 결국 학교 이후의 삶까지 불평등하게 규정하는 점입니다. 둘째는 이 같은 평가와 보상의 과정마저 정의롭지 않다는 점이죠.

흙수저, 금수저 이야기이죠.

_____ 네. 부모의 배경이 학생의 교육에 미치는 영향이 여전히 강력합니다. 이런 상황에서는 교육이 기존 권력과 부를 대물림하는 기능을 하게 돼요. 이게 우리 교육의 불편한 진실입니다. 아울러 공정한 경쟁과 합리적인 평가 대신 연줄에 의지하는 낡은 연고주의도 여전하죠. 이 같은 연고주의에 기댈 목적으로 학벌주의를 재생산하기도 합니다.

그런데도 대학 진학률은 경제협력개발기구(OECD) 최고 수준이에요. 미래 초·중·고등학생들의 공부 방법이 달라질 것 같지도 않고요.

_____ 과연 바람직한 걸까요? 전 의심스러워요. 높은 대학 진학률은 대학 개혁이 이루어진 조건에서만 긍정적인 기능을 한다고 봐요. 출신 학교나 교육 수준에 따른 부당한 차별을 없애고 학연을 매개로 한 낡은 연고주의를 깨면서, 대학이 시대가 요구하는 역할에 충실하게끔 하는 강도 높은 대학 개혁이 필요한 이유이죠. 대학 개혁은 교육감 권한 밖입니다. 하지만 이를 위한 국민적 공감대를 만드는 일에는 저도 참여할 수 있다고 봐요. 대학 개혁이 이루어져야 유아교육과 초·중등교육도 바로 설 수 있기 때문입니다.

입시에서 경쟁은 불가피합니다. 다만 그 경쟁이 서열화를 부추겨 학생들을 불행하게 만든다면 문제가 되겠죠. 이런 점에서 자사고 (자율형사립고)나 특수목적고(외국어고) 문제가 불거졌습니다.

___ 교육은 성공의 길이 아니라 성장의 길이어야 합니다. 이 제는 1등만 바라보고 가는 후발주자의 마인드를 벗어나 교육 개혁의 새로운 길을 창의적으로 열어 가야 할 때이죠. 고교서열화나 사교육비 문제는 한국 사회의 구조적인 불평등과 관련이 있습니다. 직업과 직장, 고용 형태, 학력과 출신 학교 등에 따른 다양한 차별이 존재해요. 따라서 자사고나 외고가 없어진다고 해서 학교 서열화에 따른 문제가 단숨에 해결될 리는 없습니다. 다만, 이들 학교의 존재가 기존의 문제를 더 심화하고 있다는 점은 분명합니다.

자사고와 외고가 본래 기능을 상실했다는 말씀이시죠?

___ 자사고는 애초 다양한 교육과정과 학교 운영의 자율성을 목적으로 지정됐지만, 2015 개정 교육과정이 도입된 후 일반고도 동일한 수준의 교육과정 자율성을 부여받으면서 시대적 소명을 다했다고 볼 수 있어요. 특히 그동안 자사고는 혁신 교육의 사각지대에서 입시 중심의 폐쇄적인 모델로 존재해 왔는데, 이제

일반고 중심의 고교체제 내에 편입되어 고교학점제 등 학생 맞춤형의 특색 있는 교육과정 운영을 도모해야 할 때입니다.

교육부는 2025년까지 모든 자사고와 특목고를 일반고로 일괄 전환한다고 밝혔지만, 자사고들이 제기한 소송에서 교육청은 계속해서 패소하고 있어요.

_____ 아쉽게도 자사고 지정취소에 대해 행정법원이 자사고 측 의견을 계속해서 들어주고 있어요. 자사고의 일반고 전환은 과도한 사교육비를 줄이고 고교 공교육을 정상화하고자 하는 교육 개혁의 첫 단추입니다. 행정법원의 판결은 문재인 정부의 핵심 교육 정책이자 고교 정상화를 요구하는 시민적 열망을 무위로 돌리는 실망스러운 판결입니다. 또한 교육의 본질을 보지 못하고 행정적 절차 부분에만 초점을 둔 기능적이며 기계적인 판결로 행정의 사법화의 한 단면을 보여 준 것으로 생각해요.

어쩌면 공교육 자체에 대한 국민적 불신이라는 생각도 듭니다. 문제는 자사고, 특목고가 아니라 일반고가 아닐까요? 국민의 눈높이는 자사고와 특목고에 맞춰져 있고, 일반고의 수준을 그 정도로 끌어올려 달라는 주문이죠. 일반고에 대한 별다른 조치 없이 자사고와 특목고를 일반고로 전환한다면 미래 교육의 '하향평준화'라는 지적을 피하긴 어려워 보입니다.

＿＿ 운영의 공공성과 학교 교육의 질은 다른 영역입니다. 그 부분은 저희에게도 도전입니다. 학부모는 돈을 더 내면서 받았던 질 높은 교육을 원하는 건데요. 그렇기에 일반고 전환이 중요한 게 아니라 상향평준화가 중요합니다. 공교육의 질을 높이기 위해 서울시교육청은 '일반고 전성시대', '서울형고교학점제' 등의 정책을 추진해 왔습니다. 이를 통해 학생 진로에 맞는 개인 맞춤형 교육과정이 이루어지도록 돕는 것이죠. 서울지역 고등학생 수는 약 26만 명입니다. 이 중에서 특정 분야의 전문 인재 양성을 목표로 하는 특목고와 특성화고 재학생을 제외하면 약 20만 명이에요. 이 20만 명에게 고등학교 생활은 단지 '일류대학 입학을 위한 준비 기간'이 아니라 자신의 과거, 현재, 미래에 대한 진지한 고민을 통해 내일의 희망을 만들어 가는 기간이어야 합니다. 20만 명의 서울 고등학생들이 만들어 가는 20만 개의 꿈은 상호 우열을 따지거나 비교할 수 없는 그 자체가 소중한 우리의 희망이죠.

공교육 시스템을 바꾼다는 것은 결코 쉽지 않은 일입니다. 국민의 눈높이가 높아진 지금은 더 그렇고요. 미래의 초·중등 공교육의 방향은 어떻게 설정하고 추진 중인가요?

_____ 지난 8년 동안 줄곧 교육 개혁과 교육혁신의 목표를 '일등 주의 교육'에서 '오직 한 사람을 위한 교육'으로 전환하는 것이라고 표현해 왔습니다. 백만 개의 교실은 궁극적으로 백만 명의 학생이 각자 오직 한 사람으로 대우받는 교실이 이루어지고, 그런 교육이 실현되는 것을 의미합니다. 근대의 대량생산 체제에 조응하는 표준화된 교육을 넘어서서 배움이 느린 학생이든 빠른 학생이든, 부유한 집의 자녀이든 가난한 집의 자녀이든, 자신이 가진 잠재력을 충분히 개발해 자신의 역량에 따라 우리 사회 공동체의 구성원으로 헌신하고 당당하게 살아가도록 하는 교육입니다. 제가 교육감 초기부터 줄곧 주창해 온 혁신 교육이 바로 성적 지상주의적 교육을 뛰어넘어 학생 한 사람 한 사람을 존중하고자 하는 노력이었습니다. 오직 한 사람을 위한 교육이 가능하도록 또한 정의로운 차등을 실현하도록 노력할 때 백만 개의 교실이 출현할 것으로 기대합니다.

그런 의미에서 교육부가 2025년 전면 시행을 지침으로 발표한 고교학점제 로드맵에 눈길이 갑니다. 미래의 고등학교는 기존 고교 교육과 어떤 점이 달라지는 건가요?

____　고교학점제는 획일화된 교육에서 벗어나 학생이 자기 주도적인 인재로 성장할 수 있도록 지원하는 교육체제의 대전환을 의미합니다. 학생이 기초 소양과 기본 학력을 바탕으로 진로와 적성에 따라 과목을 선택하고, 이수 기준에 도달한 과목에서 학점을 취득해 졸업하는 제도이죠. 단위학교에서는 학생 맞춤형 선택 교육과정을 운영해 학생의 과목 선택권을 확대하고, 단위학교에서 개설되지 못한 과목은 학교 간 협력 교육과정을 통해 들을 수 있습니다. 실제 사례로 A학교는 소프트웨어, B학교는 사회, C학교는 융합과학, D학교는 스페인어 과목 등 학교의 특색 있는 교육과정을 공동 운영함으로써 학생들이 이웃 학교에 가서 원하는 수업을 들을 수도 있습니다. 여기에 AI를 활용한 맞춤형 교육이 합쳐진다면 학생은 새로운 형태의 창의성과 유연성을 바탕으로 자기 주도 능력을 크게 성장시킬 수 있습니다.

코로나19는 학교의 역할에 대한 근본적인 재성찰을 요구하고 있는 것 같아요. 학교가 문을 닫자 학교라는 울타리 안에서 보낼 시간을 빼앗긴 아이들이 눈에 들어왔습니다. 즉, 학교가 기초학력만을 담보하는 기관이 아니었다는 사실이 드러난 것이죠.

____　그렇습니다. 코로나19 사태는 학교의 역할과 의미를 근본

적인 수준에서 돌아보게끔 하는 계기가 되었습니다. 특히 학교가 문을 닫으면서 맞벌이 가정의 아이들을 비롯한 여러 학생들의 돌봄 문제가 사회적으로 크게 대두되었죠. 학교는 수업만 받는 곳이라 생각했던 관념이 깨진 겁니다. 흔히 학교는 '교육을 통한 사회화'가 이루어지는 곳이라고 합니다. 이런 설명에 공감하는 이들이 더 늘어났을 것이라고 봐요. 그렇다면 남은 과제는 '어떤' 사회화인지에 대한 합의를 이끌어 내는 것이라고 생각합니다. 학교 공동체를 둘러싼 다양한 상호작용을 통해 이루어지는 사회화가 어떤 방향인지 앞으로도 많은 토론이 필요하다고 봅니다.

포스트 코로나 시대를 대비해 학교 현장에서 교사의 교육과 가정에서 부모의 교육이 연동되기 위한 해법을 모색해야 할 시기가 아닌가 생각합니다.

____ 교사, 학생, 학부모가 교육의 3주체라는 것은 누구나 아는 사실이죠. 과거에는 교육의 주체 중 가르치는 교사의 입장이 제일 중요했지만, 코로나19로 인해 학생과 학부모의 입장이 매우 커졌습니다. 학생에게 교육 공백과 돌봄 공백이 일어나지 않도록 학교가 더 섬세하게 다가가야 할 것이고요. 학부모 역시 학생의 교육과 돌봄 문제를 함께 논의해야 하는 시점이죠. 학부모회, 학

부모운영위원회 같은 활동을 넘어 다양한 학부모 연수가 필요하다고 봐요. 앞으로는 자녀의 보호자이자 자녀 교육에 대한 의사 결정자인 학부모의 입장이 더욱 중요해질 것으로 예상합니다. 한 번도 가보지 않았던 길이죠. 원래 땅 위에는 길이란 게 없었다고 해요. 걸어가는 사람들이 많아지면 그게 곧 길이 된다는 말이 있듯이 교사, 학생, 학부모가 손을 잡고 갈 때 포스트 코로나 시대의 미래 교육의 모습이 드러나지 않을까요?

3장

대학 학위가
보증수표였던 시대는 끝났다
(고등교육)

반상진
전북대 교육학과 교수(전 한국교육개발원장)

동국대 교육학과를 졸업하고 동 대학원에서 석사를, 미국 위스콘
신메디슨대에서 박사 학위를 받았다. 현재 전북대 교육학과 교수
로 재직 중이다. 교육행정, 교육재정, 교육경제학, 교육정치학,
교육정책을 강의하고 있고, 최근 주요 연구주제는 대학 구조 개
혁, 대학 재정지원 사업 관련 고등교육 정책, 대학 등록금 정책,
대전환시대 새로운 교육 패러다임, 교육재정 정책 등이다. (사)한국
교육연구네트워크 소장, 한국교육정치학회장, 한국교육재정경제
학회장, 한국교육행정학회장을 역임했으며, UNESCO 한국위원
회 교육분과위원장, 교육부 대학구조개혁위원 등으로 일했다. 그
리고 제18대 한국교육개발원장을 역임했다. 『동향과 전망』에 기
재한 「대학 재정과 대학 등록금 무엇이 문제인가?」는 국내 학술
논문 이용에서 상위를 차지한 바 있다. 저서로 『대학평가의 정치
학』(2018), 『교육재정학』(2014), 『생산가능인구 감소시대 인력정
책 10대 이슈』(2014), 『새로운 사회를 여는 교육혁명』(2012), 『학
습사회의 교육행정 및 교육경영』(2011), 『고등교육경제학』(2008)
등이 있다.

온라인 교육과 비대면 시대의 '뉴 노멀'

코로나19로 한국교육개발원도 정신없는 시간을 보냈을 것 같습니다.

___　제가 한국교육개발원장으로 재직하던 바로 그 시기에 코로나19가 교육현장을 덮쳤죠. 당시 한국교육개발원도 대내외적으로 영향을 받았습니다. 우선 대외적으로는 초·중·고등학교가 비대면 수업으로 전환하면서 온라인으로 콘텐츠를 송출해 줘야 했는데 그 역량이 부족했어요. 물론 방송통신중학교, 방송통신고등학교가 한국교육개발원 관할 학교라 이들 학교를 위한 콘텐츠도 있고 신천지교회 사태로 대구시가 봉쇄되었을 때 1만 명 정도

에게 콘텐츠를 제공하기도 했지만, 당장 비대면 수업을 들어야 하는 수백만 초·중·고등학생들에게 콘텐츠를 송출할 서버가 부족했던 것이죠. 한국학술정보원의 다양한 교육 콘텐츠를 확보했고, EBS 플랫폼을 공유하기도 하면서 두 달여 만에 콘텐츠 송출 역량을 끌어올리긴 했습니다. 대내적으로는 한국교육개발원이 정보 보안규정을 까다롭게 적용받는 공공기관이다 보니 함부로 외부 줌(zoom)이나 웹엑스 같은 외부 툴을 못 써요. 자료를 해킹 당하면 안 되니까요. 정부 온라인 시스템을 활용해야 하는데, 이 것도 처음에 활성화가 안 되어서 어려움이 많았죠. 하지만 그만큼 보안문제는 철저하게 갈 수밖에 없기 때문에 한국교육개발원 내에 화상회의를 할 수 있는 공간 4곳을 지정하기도 했습니다.

50인 이상은 모이기 힘드니 화상회의가 대세가 되었네요.

___ 저도 화상회의를 많이 하고 연구원들도 화상으로 국제회의를 하는 경우가 많은데, 처음에는 불편했지만 많이 익숙해지더라고요. 화상회의가 좋은 점도 있습니다. 뭐랄까요, 대면회의에서는 쓸데없는 이야기를 하는 경우도 많은데 화상회의를 하면서 회의가 간결해졌어요. 1시간 안에 거의 끝나더라고요.

코로나19가 대학가에 가져온 가장 큰 변화는 무엇이라고 보시나요?

___ 코로나19로 대학들이 개강을 연기한 사태가 떠오릅니다. 007 작전 같은 외국인 유학생 입국부터 온라인 강의 전환까지 일대 혼란의 1년을 보냈는데요. 해가 바뀌고도 이 혼란이 완전히 해결된 것은 아니지요. 대학뿐만 아니라 초·중·고등학교도 이제껏 경험해 보지 못한 새로운 상황을 겪었습니다. 코로나19가 지구촌을 점령한 것입니다. 전 인류가 겪은 이 상황을 위기라기보다는 새로운 라이프 스타일을 스스로 개척하고 창조해 내는 좋은 기회로 삼아 에너지를 쓰면 좋겠다는 생각이 들더군요. 미래를 대비하는 교육이 아니라 미래를 창조하는 교육이라는 말을 하고 싶습니다. 어차피 아무도 경험해 보지 못한 미래를 누가 어떻게 대응할 수 있나요? 우리가 만드는 게 결국 미래예요. 준비하려고 하지 말고 미래를 창조하는 교육으로 거듭나려는 고민이 필요한 시기가 온 것이죠.

비대면 사회의 확산이라는 경험해 보지 못한 사회로 전환했어요.

___ 코로나19 시대를 격변기, 전환기라고 부르죠. 코로나19로 인한 건강 위기도 있지만 환경 위기도 논의되고 있고요. 오랜

기간 시장을 지배했던 신자유주의에 따른 경제 질서의 공백 상태이기도 합니다. 이런 것을 하이브리드 크라이시스(Hybrid Crisis), 혼합위기라고 합니다. 또 하나는 4차 산업혁명 시대에 과학기술의 발전이 우리를 전혀 생각하지 못했던 시대로 이끌고 있는데요. 그러니까 첫 번째로는 로봇, 인공지능(AI), 드론 등이 인간의 삶에 어떤 영향을 미치는가이고요, 둘째로는 혼합위기와 과학발전으로 인한 라이프스타일 변화이죠. 그래서 우리는 지금을 시대전환기로 명명할 수 있을 것 같아요. 다가올 미래가 벌써 온 건데요, 여기서 우리는 구태의연한 과거의 교육방식을 유지할 것인지, 대전환으로 한 발짝 내딛을 것인지 고민해야 하고요.

코로나19가 언제 끝날지는 누구도 알 수 없습니다만, 확실한 점은 교육이 코로나19 이전으로 돌아갈 수는 없다는 것이겠지요. 그렇다면 감염병 시대의 교육은 온라인 교육으로 해결할 수 있을까요?

_____ 우선 온라인 교육이 가진 교육적 효과를 규명할 필요가 있다고 봐요. 다들 온라인, 온라인 하는데 온라인이 할 수 있는 영역이 있고 효과가 없는 부분도 분명 있죠. 이런 부분을 과학적으로 규명하려는 노력이 학계에서 필요합니다. 교육영역에서는

온라인 콘텐츠를 개발하고 사교육업체처럼 화려한 방식으로 전달할 것이 아니라, 학생들마다 각각 공감력과 인지력이 다르다는 점을 고려해야 해요. 어떤 학생은 적응력이 빠르지만, 또 어떤 학생들에게는 효과가 없기도 하거든요. 이런 교육적 영역을 고려한 걸 블렌디드 러닝(Blended Learning)이라고 하면, 이 부분의 교육효과에 대한 정교한 분석이 필요해요.

온라인 강의는 한계가 있다는 게 보통 인식인데요.

___ 강의실에서 대면 수업을 하면 학생 2/3가 책상에 엎드려 자는 경우도 있죠. 이게 대면수업이 가진 교육적 효과일까요? 아니에요. 학생들이 수업시간에 자는 건 교수의 문제이죠. 대면교육에 대한 허상에 더 이상 목매지 말아야 한다는 이야기입니다. 온라인과 오프라인 수업에서는 학생들과 만남의 기제가 달라요. 디지털 환경에 익숙한 학생들은 온라인에서 만나도 생소하지 않고 좋아해요. 반면에 강의실에서 인격적인 만남을 좋아하는 학생들도 있죠. 결국 블렌디드 러닝 방식으로 수업이 변화할 텐데요, 대면강의 커리큘럼도 어떻게 구성해야 할지 지금이 바로 고민할 적기입니다.

대학이 변화를 고민해야 할 적기란 말씀이군요.

___ 이젠 변해야 해요. 지금처럼 이런 비대면 사회가 '노멀'이 된다면 그에 맞는 라이프 스타일을 찾아내기 위해 어떻게 개선해야 할지, 우리 스스로가 만들어야 한다는 뜻이죠. 코로나19로 외부 활동이 힘들어지면서 집을 예쁘게 꾸민다거나 쾌적하게 리모델링하는 반대급부의 노력이 있듯이, 대학도 오프라인 학습에 대해 그때가 좋았지 하는 게 아니라 새롭게 학습문화를 만들 수밖에 없는 시대가 온 것입니다.

학생들과 눈을 맞추며 강의하던 교수들은 차가운 모니터 앞에서 사제 간의 온기를 느끼기도 전에 실시간 온라인 강의를 찍기 위한 기술을 익혀야 했죠.

___ '10년에 걸쳐 전환될 수 있는 일이 2개월 만에 가능했다'는 이야기도 나오죠. 한 학기가 채 지나기 전에 대학생들이 등록금 반환 시위에 나서서 화제가 되었습니다. 비싼 학비에 반해 교육의 성과가 기대 수준에 미치지 못하기 때문인데요. 코로나19가 강제 소환한 온라인 강의에서 그 불만은 더 커졌습니다. 학생이 스스로를 대학의 고객으로 인식하고 있다는 방증입니다. 이미 중·고등학생 시절부터 인터넷강의 '1타 강사' 수업에 눈높이가

맞춰진 학생들에게 현재 교수들의 전통적 교수법은 무력해 보이기만 합니다. 온라인 체제 강화를 위해 교육부에서 300억 원 정도를 지원하기도 했어요. 하지만 이런 '언 발에 오줌 누기 식'의 지원으로 해결될 일은 아니지요. 결국 교수들 스스로 온라인에서 어떻게 학생들과 만날지 그 방법을 진지하게 고민하고 실천에 옮겨야 하겠습니다.

지적하신 학생들의 등록금 반환 시위도 화제가 되었습니다.

＿＿ 학생들은 수업을 온라인으로 듣고 학교 시설을 이용하지도 않는데 왜 등록금이 이렇게 비싼지 합리적 질문을 던진 거예요. 이 지점은 정부가 정말 고민을 많이 해야 한다고 봐요. 10~20만 원 환불해 준다고 해결될 일이 아니죠. 학교도 못 가는데 말이에요. 대학에 왔으니 문화도 향유하고 싶고 선후배 관계도 맺고 싶은데, 어찌 보면 과거의 향수를 느끼지 못하는 불만들이 아닌가 하는 생각도 들어요.

하지만 십수 년 지속된 등록금 동결 사태부터 생각해 보면, 등록금 인하가 쉽게 풀 수 있는 문제는 아니에요.

＿＿ 고등교육재정이 문제이죠. 대학도, 대학생을 둔 학부모도

힘들어요. 대학은 등록금이 동결되어 힘들고, 학부모는 고액등록금을 부담하느라 허리가 휘어요. 이건 사실 국가가 대학에 제대로 된 재정지원을 하지 않았기 때문인데요. 등록금을 완화시키려면 과감하게 투자해서 교육 양극화도 해소해야 하고요, 대학 생태계를 완전히 대전환할 수 있는 정책을 펼쳐야 합니다. 보통 카이스트나 포스텍을 보고 다른 대학과 비슷한 등록금 수준인데 등록금이 비싸다고 말하지는 않잖아요. 학습이나 연구에 특화된 대학이라고 인정하기 때문일 텐데요. 등록금 문제는 대학 생태계 전환에 따른 투자의 관점에서 풀어 가야 할 문제라고 봅니다.

'벚꽃 피는 순서로 대학이 소멸한다'는 풍문

이번에는 기초학력 이야기로 넘어가죠. 해마다 신입생들의 기초학력이 떨어지고 있다는 지적도 있어요. 서울대의 경우 새내기 대상 미·적분 강좌를 열었다는 보도도 이미 오래전에 나왔고요.

___ 교수가 강의한 내용을 꼭 시험 문제로 내는 탑다운 지식전달 시대는 끝났다고 봐요. 학생들에게 어떤 역량을 키워 줄지, 어떤 라이프스타일을 살도록 할지 고민해야죠. 인문학뿐 아니라

사회과학, 자연과학 분야를 모두 관통하는 고민거리예요. 이런 고민을 함께 풀어갈 노력을 해야지, '미적분을 못 풀고 기초학력이 떨어졌어요', '요즘 학생들 최악의 학번이에요' 하는 진부한 이야기는 그만해야 하지 않을까요? 매년 학기 초면 대학가에서 나오는 이야기이죠. 이제 이런 이야기는 그만하고 새로운 지식생태계가 발현되었다는 차원에서 교수들부터 지식전달 교육방식에서 질문할 수 있는 교육방식으로 교수학습 방법이 변해야 할 것 같습니다.

'파괴적 혁신'으로 유명한 클레이튼 크리스텐슨 하버드 경영대학원 교수는 2017년 '10년 안에 미국 내 절반의 대학이 파산한다'고 경고했다. 우리나라 상황도 만만치 않아 보인다. 학령인구가 감소하면서 '벚꽃 피는 순서대로 대학이 문을 닫는다'는 풍문은 오래전부터 흉흉하게 대학가에 돌고 있다.

단도직입적으로 묻겠습니다. 한국 대학의 미래를 어떻게 예측하십니까?

____ 한국 대학의 미래를 저는 그렇게 부정적으로 보지 않습니다. 코로나19라는 팬데믹을 K-방역으로 극복하고 있듯이, 한국

대학의 미래는 결국 국민의 높은 교육열과 더불어 교육계의 가치를 국민이 암묵적으로 알고 있다고 믿어요. '학령인구가 감소하니 지방대부터 줄어든다? 그러니 방치해야 하고 무너뜨려야 한다?' 이건 몇몇 수도권 대학의 논리예요. 지방대에 가 보면 그 대학의 소중함을 누구나 다 알아요. 다만 본인의 자녀를 지방대에 보내지 않으려는 경향은 학벌 구조 때문이죠. 지방의 대학이 좋다고 하면 당연히 보내지 않을까요? 대전에 있는 학부모들은 자녀를 카이스트 보내는 게 꿈이에요. 가고 싶은데 못 들어가는 대학을 지방에도 만들어야 하는 것이 아닐까 생각합니다. 그래서 저는 선진국처럼 좋은 대학을 많이 만들자는 주장을 하는 것입니다.

미국 대학은 어떻게 하고 있나요?

_____ 흔히 말하는 아이비리그 대학들은 예산이 한국 대학과 비교해 10배 정도 높은 편이에요. 거기에 모든 학생이 가는 게 아니에요. 오히려 대다수 고교 졸업생들은 주립대를 많이 갑니다. 주립대는 고등학교 때 반에서 1, 2등 하는 학생들이 아니라 중간 정도 하는 학생들이 가죠. 대신 주립대에 진학해서 굉장히 열심히 공부하고, 또 졸업하고는 그 지역에서 자기 역할을 합니다. 미국 주립대 시스템처럼 지역 학생들이 지역에서 공부하고 지역사

회에 나와서 역할을 할 수 있도록, 우리 지방대도 바뀌어야 하지 않을까요? 사람들에게 좋은 지방대가 있고 학비도 저렴하다는 인식이 퍼지면 지방대도 살아날 수 있을 것 같아요.

지방대 한 곳만의 노력으로는 어려울 것 같은데요. 결국 또 서로 경쟁할 테니까요.

_____ 한국 대학들은 서로 좋은 학생을 뽑느라 혈안이 되어 있죠. 지방대들이 서로 좋은 학생을 뽑으려 경쟁하기보다는 연합 체제를 만드는 것도 하나의 방법이 될 수 있다고 봅니다. 대학간 물적·인적 공유는 물론 공동입학, 공동학위까지 고려하며 지역 대학의 사회적 신뢰를 높이는 방안입니다. 여기에 소외계층이나 학력이 떨어지는 학생들, 그리고 성인학습자도 많이 선발해서 엄청난 교육 투자를 하고, 학습 역량을 키워 주는 것이죠. 5년이 걸릴지 10년이 걸릴지는 모르지만 지역 대학 육성은 시대적 과제입니다. 더 이상 지잡대라고 낙인 찍지 말자는 의미입니다. 언론에서 지방국립대가 8등급을 받았다는 등 자극적인 보도들이 나오는데요. 모든 학생이 수도권으로 몰리는 지금은 당연하게 생기는 현상이에요. 다만, 지방대에 온 학생들이 졸업할 때 어떤 실력을 갖출지 봐 달라는 겁니다. 다만 전제는 수도권 대학 이상의 투자

가 필요하다는 말이죠.

한국에서 대학의 경쟁이 어제오늘 일은 아닙니다만, 대학가에 신자유주의 물결이 본격적으로 들어온 시기는 5 · 31 교육개혁인 것 같아요.

____ 결국은 5 · 31 교육개혁이 당시 1980년대 신자유주의를 그대로 차용한 데서 문제가 시작되었다고 봅니다. 소비자 중심의 교육과 경쟁 패러다임이 대학에 그대로 들어온 것이죠. 그때 진단은 대학에 들어가려는 수요는 많은데, 대학이 부족한 상황이니 고등교육을 담당하는 대학을 확대해서 고급 교육을 확대하자는 시장주의적 발상이었죠. 그게 잘못되었다고 말하는 건 아닙니다. 당시의 가치와 시장주의적 발상이 있었지만 그렇다고 정말 시장에 맡겼냐면 그건 아니었거든요. 대학 평가를 통해서 경쟁력을 키운다는 미명하에 대학에 차등지원을 하기 시작했어요. 오히려 국가통제가 강화된 측면이 있습니다. 거기서부터 수도권 대학과 지방대의 차이가 벌어지는 모멘텀이 되었죠.

우후죽순 양산된 사립대들의 문제가 아니라는 말씀이군요.

____ 많은 분들이 무분별하게 대학을 많이 설립한 것이 문제라

고들 지적하죠. 저는 그렇지 않다고 봐요. 고급의, 양질의 교육을 시키는 목적이었다면 좋은 대학들이 많이 생겼어야죠. 다만, 정부 지원이 평가를 통한 차등으로 이루어진 것이 문제였습니다. 흔히 들 1980년대에는 부산대, 경북대가 연세대, 고려대 수준이었다 고들 말하지 않나요? 5·31 교육개혁 이후 차등화된 재정지원 방식이 대학을 잠식하면서 격차가 완전히 벌어지게 되었습니다.

지금은 기본역량 진단으로 바뀌었죠.

___ 맞습니다. 문제를 인식한 정부가 평가를 통한 차등지원은 없앴죠. 그리고 기본역량 진단으로 바꿨어요. 일반 사업으로 하는 방식이죠. 대학들 보고 너희 대학도 한번 사업을 만들어 봐라는 식이었어요. 이명박 정권 시절에 가장 컸던 방식인데요. 일반 재정지원과 특수목적 재정지원으로 나누어졌죠. 국가가 주도하는 BK21(브레인코리아21), PRIME(산업연계 교육활성화 선도대학) 사업들을 만들었어요. 김영삼 정권 때만 해도 20~30%가 특수목적 재정지원사업이었고, 김대중 정권에서도 40% 선을 유지했는데요. 노무현 정권에서 누리과정이라고 지방대 육성을 위한 사업을 대규모로 시도했던 적이 있지만 이명박 정부에서는 100% 특수목적 재정지원 사업으로 전환했어요. 우리가 지금 흔히 알고

있는 프라임, 에이스, 링크 사업들이 대표적이죠. 이게 바로 대학 양극화를 촉진시킨 특수목적 재정지원사업입니다. 계획서만 잘 쓰면 평가해서 예산을 주니 스카이를 비롯해 후광효과가 있는 수도권 대학들은 계획서를 잘 써서 수백 억 원 씩 받아 가고, 지방대 같은 나머지 대학들은 사업을 따지 못하니 예산 부족으로 힘들어졌지요. 이렇게 되니 이런 평가 자체가 국민들에게 설득력이 없죠.

에이스(ACE), 링크(Link) 같은 사업을 수년간 시행했는데, 양질의 교육을 제공한다는 결과는 별로 보이지 않아요.

_____ 사업계획서를 써놓았지만 나중에 효과를 살펴보면 측정할 수가 없어요. 사업이 다 3~5년 안에 끝나니까요. 교육역량이요? 3년 안에 뭐가 변했는지 찾지 못해요. 투자에 대한 효과가 있었는지 아무도 답변하지 못하죠. 기획재정부가 바로 이런 점을 지적해요. 교육에 투자하면 대학에 효과가 있느냐는 것이죠. 하지만 교육투자의 효과는 장기적으로 나타난다는 사실을 간과했죠. 김대중 정권에서부터 시작한 BK21은 효과가 어느 정도 있다고 봅니다만 에이스, 프라임 같은 사업들은 뭐가 있었나요? 기획재정부, 교육부가 사업계획서 보고 예산을 주니 이 지경까지 온

것이죠. 수도권 주요 대학에게만 너무 좋은 '눈먼 돈'이 된 사업이라고 봅니다.

교육문제를 교육 안에서만 풀려고 하니 안 풀리는 것 같아요. 교육 양극화 문제는 노동시장 채용 구조와도 직결되어 있으니까요.

___ 사실 대학체제 개편에서부터 출발할 수밖에 없는 문제라고 봅니다. 왜냐하면 모든 교육문제의 블랙홀이 대학 서열과 학벌 구조이기 때문입니다. 학벌 구조가 곧 채용 구조이다 보니 좋은 대학 보내려는 게 인지상정이죠. 일단 좋은 대학을 가야 쉽게 좋은 노동시장에 편입될 수 있는 구조니까요. 그런데 노동시장 채용 구조에서 학벌 중심으로 사람을 뽑는 데는 국가가 개입할 수 없어요. 정부에서 할 수 있는 것이라면, 기본적으로 초극단화된 학벌 구조를 정부 지원을 통해 좋은 대학을 많이 만드는 방법으로 대학생태계를 혁신하는 것입니다. 그것이 정부의 역할이죠. 지금 이 역할을 하지 않고서 사교육, 성적 경쟁, 입시제도를 이야기하고 있어요. 대학 입시에서 경쟁은 결과적으로 서로 좋은 대학을 가기 위해서 발생하는데요. 좋은 대학을 많이 만들어 주면 병목현상을 어느 정도 해체할 수 있다고 봐요. 그런 노력을 정부가 해 줘야 한다는 말이죠.

좋은 대학을 많이 만든다고 채용 구조가 변할까요?

___ 다시 미국 대학 시스템을 살펴볼게요. 미국에서도 하버드 대나 아이비리그 대학을 졸업한 사람들은 물론 좋은 조건으로 노동시장에 진입할 수 있는 게 현실입니다. 하지만 시간이 지나면서 당연하게 승진하는 구조는 아니에요. 대학 간판을 가지고 입사한 후 통상 5년의 기간을 허니문 피어리어드(honeymoon period, 일정 기간 호의를 받는 밀월 기간)라고 불러요. 노동시장에 편입되고 나서 대학 졸업장의 인정 기간이 5년이란 것이죠. 대학 교수 비율도 달라요. 하버드대 교수 중 모교 출신은 25% 정도고, 나머지 대다수 교수들은 능력에 따라서 다양해요. 주립대 출신들도 있거든요. 우리나라는 학연과 학벌주의가 굉장히 강한데, 미국처럼 될 수는 없겠지만 그렇기 때문에라도 좋은 대학을 많이 만드는 게 필요하다고 봅니다. 카이스트의 성공을 보고 노무현 정권에서는 광주에 과학기술대를 만들었고, 울산에도 과학기술대를 만들었죠. 엄청난 투자를 한 거예요. 지스트나 유니스트를 보고 지잡대라고 하지 않잖아요. 지역에 이런 대학들이 많아진다면 어떻게 될까요? 지역에 좋은 대학이 없는 게 아니에요. 이과 계열 학생들이 기를 쓰고 들어가려고 하는 대학이죠. 대안이 없는 게 아니라 만들면 된다고 봅니다.

미국도 그렇지만 한국 대학 역시 대학 재정을 등록금에 크게 의존하고 있어요. 하지만 등록금은 십수 년째 동결된 상황입니다. 대학 발전을 위한 투자가 힘들어지면서, 지방대 중심으로 중국을 비롯한 외국인 유학생을 받으며 연명하는 대학들도 늘고 있죠. 미래에는 일류 대학만 살아남게 될까요?

_____ 그냥 두면 당연히 소멸할 겁니다. 일반적으로 사립대는 법인에서 부담하는 재정에 한계가 있기 때문에 예산의 70% 가량을 등록금에 의존하고 있는데요. 등록금에 의존하는 구조 자체가 깨져야 한다고 봅니다. 물론 부패한 대학은 폐쇄하는 등 강력한 조치가 필요하겠죠. 하지만 지역에 있다는 이유로 학생들이 오지 않는다면, 투자를 통해서 잠재력 있는 대학으로 키우는 것이 바른 방향 아닐까요? 이것이 공영형 사립대가 가진 철학입니다. 국가가 함께 운영하면서 지역 대학을 키워 가자는 취지이죠. 외국인 유학생이 없어서 운영이 어렵다는 주장은 등록금에 의존하겠다는 발상과 다를 바가 없어요. 이미 수도권 대학들은 대학 정원을 이야기할 때 그다지 크게 피부로 와 닿지 않는다고 합니다. 정원을 줄여도 괜찮은 이유가 바로 유학생이거든요. 수도권 일부 대학들은 재학생보다 많은 유학생으로 넘쳐나고 있어요.

사실 대학들이 그동안 고객으로 대해 왔던 학생에게 등록금만큼의 만족도를 주지 못했다는 것은 공공연한 사실이다. 도서관에는 토익, 토플을 공부하며 공무원 시험을 준비하는 학생들로 가득하다. '문송합니다'(문과라 죄송합니다)로 대변되는 문과 학생들은 취업에서 소외되지 않기 위해 적성에도 맞지 않는 상경계열 복수전공을 선택한지 오래이다. 거의 대부분의 대학이 학문과 지성의 전당이 아니라, 취업사관학교로 전락해버린 것. 왜 이런 현상이 발생한 것일까? 또 대학에 들어오기도 전에 열패감을 맛보는 청년 세대들을 어떻게 구원할 수 있을까? 시스템이 변화해야 할까? 아니면 교육 커리큘럼이 변해야 할까? 대학 서열화 해법, 도대체 어디서 찾을 수 있을까?

시험 중심 사회와 메리토크라시

'스카이, 서성한, 중경외시, 건동홍', '지잡대' 등으로 불리는 대학 서열화 문제가 심각합니다. 서열화 문제는 어디서 시작되었습니까?

_____ 대학 서열화 문제는 결국 사회가 양극화된 현상에서 찾아

봐야 하는데요. 기본적인 원인은 교육의 양극화에서 시작되었고, 결과적으로 사회 양극화를 초래했어요. 가정 배경에 따른 경제·사회적 배경에 대한 요인이 큰데, 이걸 국가가 어떻게 해소할 수 있을지가 관건입니다. 우선은 초·중·고등학교부터 교육 접근성을 확대해야 하는데요. 공정한 교육의 기회를 주는 겁니다. 고등학교 무상교육이 이루어졌듯이 대학도 점차적으로 무상교육으로 가야 해요. 먼 미래의 이야기지만, 바이든 미국 대통령도 고등교육을 무상으로 한다고 공약에 내세웠잖아요. 직업 10개 중 6개가 고등교육이 필요한 것으로 산업구조가 개편되니까, 양극화 해소와 인력 필요 관점에서는 고등교육을 많이 받게 해 줘야 한다는 이야기입니다. 그래서 2년제 커뮤니티칼리지를 무상으로 하겠다는 공약을 냈고, 중류층 이하는 4년제 주립대까지 무상교육을 지원한다고 했죠. 결국 양극화를 해소하기 위해서는 산업 개편에 필요한 인력을 양성하는 데 고등교육 무상지원이 필요하다는 이야기이죠. 실제로 아시다시피 핀란드, 노르웨이, 스웨덴 등은 이미 대학무상교육이고, 미국도 뉴욕주를 비롯한 17개 주가 주헌법 제정으로 대학무상등록금제를 도입하고 있습니다. 미국이 초·중등교육이 아니라 고등교육을 지원하겠다고 나선 점을 우리가 중요하게 받아들여야 해요.

한국은 학력 중심, 시험 중심의 경쟁 구조이죠.

___ 앞서 말씀드린 것처럼 시대전환기가 왔어요. 그런데도 여전히 텍스트 중심으로 시험 보는 방식을 고수하고, 수능이 끝나면 만점자가 몇 명인지 이야기하고 있습니다. 1960년대 이야기를 2022년에도 하는 거예요. 학력 지향의 학업 성취 철학을 이제는 버릴 때가 됐어요. 학교에서 양성해야 하는 학생의 능력은 역량 중심으로 자기 성장의 척도로 전환해야 합니다. 대학에서 시험을 보고 성적을 매기면서 상대평가를 할 게 아니라 학습방법, 온라인과 오프라인의 강의 구성 등을 고민하면서 어떻게 우수한 역량을 가진 인재를 양성할지 치열하게 생각해야죠.

대학이 바뀌지 않고 있지 않습니까? 아니 변화가 더디다고 해 두죠. 이런 상황에서 학생은 더 답답해집니다.

___ 교육과정이 개정된다고 해도 학생은 결국 성적에 매몰될 수밖에 없어요. 혁신학교를 예로 들어볼게요. 혁신 중학교 출신 학생이 이런 말을 했어요. "나는 정답 없는 질문을 학교에서 많이 했다. 정말 좋았다. 그런데 고1이 되면서 다시 현실의 벽에 부딪혔다. 수능을 봐야 하고 시험공부도 해야 한다. 대학에 들어가긴 했지만 너무 힘들다." 21세기 디지털 세대 아이들도 산업사회 학

벌 구조를 여전히 벗어나지 못하는 아픔이 있어요. 이 문제를 어떻게 기성세대가 풀어줄지가 문제인데요. 진부하게 서울대를 없애자고 말할 수는 없겠죠. 좋은 대학을 많이 만드는 게 국가의 역할이라고 봅니다. 그 대학들이 서로 네트워킹을 통해서 자원을 공유하고, 교수와 학생이 교류하면서 국가 전체가 고등교육 양성 시스템을 관리하는 식이죠. 단지 우리 대학 학생만이 아니라 대한민국의 학생, 시민을 길러 내는 대학이 어떻게 체질변화를 해야할지에 대한 깊은 고민이 이런 시대적 전환기에 필요합니다.

대학 서열화는 그 자체로도 큰 사회적 문제가 되지만, 더 큰 문제는 아이들 스스로가 대학의 서열에 따라 스스로의 가치를 받아들인다는 점입니다. 이는 젊은 세대에서 더욱 크게 나타나는데요. 대학생을 지성인으로 받아들였던 과거와 달리, 이른바 명문대생은 학창시절을 열심히 보냈으니 취업에도 가점을 받는 것이 옳다고 수용하는 세대가 탄생한 것입니다. 기성세대로서, 또 지식인이자 교수로서 안타까움이 더하실 것 같은데요. 이 '기이한 공정'을 외치는 세대가 출현한 현상은 어떻게 분석할 수 있을까요?

_____ 정치·경제·사회·문화 등 모든 분야에서 양극화 인식은 학생들이 기계적인 공정성에 매몰되었기 때문이라고 봅니다. '똑

같은 기회를 줬다?' 그건 제1원칙은 맞아요. 하지만 국가가 이야기할 것은, 공정한 출발선에서 출발하지 못하는 불공정 게임에서 어떻게 모두 같은 출발선에 세울 수 있는가 아니겠어요? 공정성을 이야기할 때 특혜받은 계급을 향한 불만이 당연히 있잖아요. 가정 배경이 학업성취도에 영향을 준다는 것은 이미 잘 알려진 사실입니다. 이 지점에서 공정한 출발점을 어떻게 만들어 주느냐가 국가의 고민일 수밖에 없죠. 문제제기를 할 수 있어야 하고, 국가가 룰을 바꿔 줘야 합니다. 좋은 대학에 간 것은 당연히 존중해 줘야지 하고 말하기 전에 출발선이 공정했는지를 먼저 따져 봐야 한다는 거예요. 그전에 출발선이 공정했고 메리토크라시(meritocracy, 능력주의)가 작동했는지 확인할 수 있다면 승복할 수 있죠. 마이클 샌델 하버드대 교수가 계속해서 던지는 화두가 하버드대도 출발선부터 공정하지 않다는 것이에요. 하버드대의 좋은 교육을 다른 학생에게도 주려면 줄 세우는 교육이 아니라 중하위권 학생들도 들어올 수 있게 해야 한다는 말이죠. 어차피 기울어진 운동장에 대한 자본주의 교육의 한계를 샌델 교수는 급진적으로 '뺑뺑이'를 돌리자고 주장한 것이고, 저는 좋은 대학을 더 많이 만들어 주는 방식으로 풀자는 것입니다.

대학 서열화 문제를 이야기하면 늘 빠질 수 없는 것이 입시 문제입니다. 입시는 오랜 역사 동안 수많은 이해관계자들이 얽혀 이제는 무엇이 맞는 모델인지에 대한 논의는 뒤로 하고, 내 자식만 잘 가면 된다는 '각자도생(各自圖生)'의 시대를 맞은 지 오래입니다. 정시, 수시, 학생부종합전형 등 한국 입시제도를 합하면 2,000개가 넘는다고 합니다. 결국 입시에는 부모의 정보력과 경제력 등 문화자본이 자녀에게 되물림되는 현상이 발생합니다. 초·중·고등학교에서 아무리 창의력 교육을 외친다고 하더라도, 입시라는 고삐를 쥐고 있는 대학에서 변화를 주지 않는 이상 초·중·고등학교 교실이 변화할 수는 없을 겁니다. 한국 입시제도를 어떻게 평가하시는지요?

＿＿ 교육 이야기하면 우리는 대학 입시밖에 할 말이 없어요. 대학 입시에서 성공하면 계층 상승이 가능하니 입시에 올인하는 형태가 굳어졌죠. 입시제도를 수십 번 뜯어 고친다고 한들 해결할 수 없는 문제입니다. 병목현상의 최극단에 있는 소수만 좋은 대학에 가는 구조니까요. 그래서 저는 명문대를 더 확대해야 한다고 계속해서 이야기하는 것이고요. 입시제도만 갖고는 절대 해결할 수 없습니다.

프랑스의 바칼로레아 등 선진 입시제도에 대한 논의가 많았습니다. 하지만 수능 철에 즈음해서 반짝 논의될 뿐 실제 학교 현장에서 받아들여지고 있지는 않지요. 교수님께서 생각하는 미래의 입시 방향은 어떤 모습일까요? 대학은 어떤 자질을 가진 인재들을 받아들이기 위한 평가 모델을 만들어야 할까요?

___ 2025년부터 고교학점제가 전면 시행됩니다. 선택과목과 공통과목이 있는데 대학수학능력평가(수능)에서 선택하는 문제도 있긴 하죠. 일반적인 수능으로는 어려우니 수능의 성격도 바뀌어야겠죠. 그렇지만 바칼로레아는 우리 사회에는 맞지 않는 모델이라고 봐요. 영국의 A-Level 시험이나 미국의 SAT 시험도 있지만, 우리나라 수능과 이 시험들의 다른 점은 영국이나 미국 학생들은 그 시험에 실패해도 좋은 대학에 갈 수 있는 방법이 많다는 거예요. 우리는 수능 한 번 망치면 인생을 망칠 지경이에요. 각자도생이라고 하죠? 수능이라는 게임에 인생을 거는 겁니다. '정시를 확대한다, 수시를 확대한다' 정도의 문제가 아니에요. 계속해서 말씀드리지만, 양질의 고등교육 생태계를 만들어 학생 선발이 아닌 학생의 역량을 강화시키는 방향으로 대학 체제가 대전환해야 합니다.

독일 사회학자 위르겐 하버마스는 1996년 한국을 2주간 방문했다. 7차례 공개 강연을 했고 유학의 본거지인 성균관대, 종로의 조계종, 광주 망월동, 포항제철 공장 등을 견학했다. 귀국 직전에 열린 기자간담회에서 그는 "순수성을 지향하는 불교와 공동체 지향적인 유교를 현대적으로 재해석하면 현대 한국 사회가 나아갈 방향을 찾을 수 있을 것"이라며 "한국은 앞으로 발전모델을 굳이 서구에서 찾을 필요가 없는데, 이는 어느 나라도 걸어본 적이 없는 새로운 길이기 때문"이라고 조언한 바 있다. 그로부터 25년이 흘렀지만, 한국 학계는 여전히 서구의 이론을 수입해 한국 사회를 분석하려고 한다. 교수의 해외 박사 학위 취득국가는 미국이 여전히 압도적인 1위인데 이런 점에서 학문의 다양성을 담보하기 위한 노력이 시급하다는 지적이 제기된다.

교수자격시험의 필요성

수십 년간 강의실의 '독재자'로 권위를 내세웠던 교수 사회가 이제는 바뀌어야 한다는 데 동의하지만, 현실은 그렇지 못합니다. 일각에서는 이를 교수들의 '지적 게으름'이라고 비판하기도 하죠.

교수님께서는 교수 사회에서 어떤 자성의 목소리가 터져 나와야 한다고 생각하시는지, 또 변화는 어떤 방향으로 이루어져야 한다고 생각하십니까?

___ 저 역시 교수인 입장에서 공론화시키기 어렵지만 교수자격제도는 꼭 필요하다고 봅니다. 우리나라는 초·중·고등학교 교사가 되기 위해 자격증을 취득해야 하죠. 그런데 고등교육을 담당하는 대학은 그렇지 않아요. 교수자격제도는 교수의 전문성을 인정해 주자는 겁니다. 훔볼트 철학의 핵심이 전문성인데, 독일은 전문성을 국가가 인정해 주겠다고 해서 교수자격을 만들었지요. 이게 미국으로 넘어가면서는 자격증을 빼고 전문성만 인정해 주게 되었어요. 대학교수를 하려면 자격증으로 검증하지 않지만 아주 고학력 전문가로 인정해 주겠다는 뜻이죠. 사실 훔볼트 방식은 교수 자격을 공적으로 국가가 보장해 주는 장치입니다. 일면에서는 조금 과하다고 생각할 수도 있죠. 나라마다 교육권과 학풍의 맥락이 다르니까요. 그래서 독일에서 하니까 우리도 하자는 이야기는 아니에요.

그렇다면 우리나라는 어떤 방식으로 교수자격을 부여해야 할까요?

_____ 연구 결과로 할까요? 시험 보고 할까요? 여러 가지 방법이 있을 수 있다고 봐요. 하지만 그전에 자격이라기보다는 교수 사회의 자정 노력이 좀 필요하다고 생각합니다. 그 노력의 근간은 교수의 연구역량이 핵심이 되어야 하고, 교수 자신이 가진 연구역량으로 학생을 만나 교감해야 하죠. 대학은 초·중·고등학교처럼 교과서가 정해져 있는 곳이 아니잖아요. 남의 책을 정리해서 지식을 전달해 온 방식도 혁신되어야 할 거예요. 이런 변화를 인정해 주는 학풍이 일어나야 합니다. 교수들이 이야기할 때 예를 들어 하버드대학교 아무개 교수가 이렇게 말했다고 인용하는 경우가 많은데 좋은 이야기이죠. 그런데 하버드대 교수의 좋은 연구 결과가 아니라 교수 자신의 연구 결과에 따른 논리를 이야기하는 방향으로 바뀌어야 하지 않을까요? 더 이상 교수들이 지식 전달자 역할만 해서는 안 되고, 학문 식민주의에서 벗어나려는 노력을 스스로 해야 합니다.

코로나19 팬데믹 이후 온라인 강의가 일반화되면서 학기제에 대한 회의론도 등장하고 있습니다. 혁신적인 학년 구분제도가 나올까요?

_____ 이미 대학에서 학년제는 의미가 없어요. 학년 구분은 초·

중·고등학교 이야기이죠. '당신 고등학교 졸업장 있어?'라는 질문은 여전히 학력을 자격으로 치환시키는 말인데요. 저는 자격 중심의 학년은 의미가 없다고 봐요. 법적으로 초·중등교육은 학년제로 되어 있는데, 학년과 학력을 치환하지는 않습니다. 졸업장이 있느냐 없느냐로 보니까요. 중학교 졸업장이 없으면 검정고시를 보게 되어 있죠? 예를 들어 어떤 학생이 중학교 3학년 과정을 거의 끝까지 배우다 어떤 사정으로 학교를 떠났다면, 그냥 고등학교를 가도 되는데 검정시험을 따로 봐야 하는 거예요. 앞으로 이런 현상은 사라질 것으로 봅니다. 대학에서도 학년제는 의미가 없어요. 이미 1학년 학생이 4학년 수업이나 심지어 대학원 수업을 듣기도 하거든요. 학·석사 연계과정도 생긴 지가 오래되었죠. 이건 학년 자체가 허물어지는 단계입니다. 제도적으로 큰 문제는 없다고 봅니다.

대학 이야기를 해 보죠. 고등교육법상 대학 설치의 근간이 학과인 점은 어떻게 보세요?

_____ 서울대 자유전공학부 같은 시도가 더 확산해야 한다고 봐요. 말씀하신 대로 고등교육법에서 대학 설치의 근간을 학과로 규정했는데 여기서부터 문제가 발생하거든요. 단위가 학과 또는

학부이면 전공 간의 벽이 높아지는 문제가 있어요. 자유로운 소통과 그 소통을 넘은 융합이 어렵고 전공 교수의 이기성도 작동할 수 있고요. 미국이나 유럽에서 1, 2학년은 전공이 없는 학부인 교양대학처럼 운영하고 있고 우리 대학도 일부 운영하고 있듯이 이런 방법이 또 하나의 방법이 될 수 있다고 생각해요. 정부에서 전공과 취업이 미스매칭된다고 표현을 많이 하는데 바른 시그널이라고 보진 않아요. 앞으로 변화하는 산업사회 구조에서는 전공이 없는 직업 큐레이션이 확산할 것으로 보거든요.

교수와 학생의 관계, 강의실 공간의 혁신은 어떤 방향으로 일어날까요?

_____ 초·중·고등학교 교실도 바뀌고 있는데, 대학은 좀 많이 늦은 편입니다. 한국형 뉴딜정책에서 '그린 스마트 미래학교'를 추진한다고 발표했고, 초·중·고등학교에서는 학생과 교사가 원하는 사용자 중심의 학습공간 혁신이 일어나고 있어요. 정부가 18조 원 가량을 초·중등교육에 투자한다고 했으니까요. 하지만 대학에 투입되는 예산은 없습니다. 예산이 없으니 아무것도 할 수 없죠. 대학들은 그동안 등록금을 쌓아서 적립금을 만들었고, 적립금을 건물을 짓는 등 시설에 투자해 왔는데요. 이제는 건물

짓는 방식이 아니라 교육에 투자하는 경상운영비로 사용할 수 있도록 정부가 역할을 해야 한다고 봅니다.

구글은 더 이상 대학이 필요하지 않다고 단언한다. 대학 하위 유무에 관계없이 고성장 직업 분야에서 새로운 기술과 프로젝트를 개발할 수 있도록 도와주는 온라인 커리어 자격증 프로그램을 시작했다. 온라인 자격증을 따는 데 필요한 강의 수강 기간은 약 3~6개월이며, 온라인 교육 플랫폼인 코세라(Coursera)를 통해 제공한다. 온라인 경력 인증서를 4년제 학위로 간주한다는 것. 가성비 좋은 온라인 교육 서비스가 등장하는 지금, 오늘날의 고등교육 시스템은 어떻게 혁신되어야 할까? 연구 중심, 교육 중심이라는 현재 대학의 모습은 그대로 남아 있을까?

대학 졸업장이 필요 없는 세상: 무크, 칸 아카데미, 코세라

가까운 미래에는 대학교수의 지식보다 날마다 업데이트되는 인공지능이 더 탁월할 것이라는 분석도 있습니다. 코로나19는 이미 그 미래를 앞당겼고요. 대학 졸업장이 필요 없는 세상이 올까요?

＿＿＿ 시장에서는 이미 작동하고 있다고 봅니다. IT 쪽은 대학 졸업장을 요구하지 않잖아요. 이 분야에서 코딩 능력이 있는지, 소프트웨어 개발 능력이 있는지가 중요하니까 어느 고등학교를 나왔는지, 어느 대학 무슨 학과를 졸업했는지 안 봐요. 첨단과학 분야는 이미 블라인드 채용으로 가고 있고, 상대적으로 후진적인 산업에는 아직 오지 않은 미래이죠. 하지만 제조 중심 기업들은 여전히 우수 인재에 대한 검증을 대학 졸업장으로 하고 있어요. 점차 사라지겠죠? 대기업의 취업시장이 변했어요. 전반기와 후반기로 나눠 몇 천 명씩 대규모 공채하는 방식에서 수시 채용으로 전환하고 있죠. 코로나19가 이 상황을 더 도드라지게 보여 주기도 했고요. 주목해서 봐야할 부분이에요. 과연 학연과 학벌이 강화될지, 약화될지 지켜봐야겠죠.

온라인 공개 수업인 무크(MOOC)가 2013년 출현했고, 칸 아카데미(Khan Academy)의 강좌를 활용하는 사람도 많습니다. 스탠포드대의 코세라(Coursera)는 이미 유명하죠. 미국 유수의 대학들은 앞다투어 강의를 온라인으로 공개하고 온라인 학위를 부여하는 등 새로운 시장을 개척하고 있습니다.

＿＿＿ 앞으로는 지식의 공유성 때문에 무크 같은 형태의 온라인

공개 수업은 더욱 확산할 것으로 예상합니다. 다만 학점을 어떻게 인정할지, 수강시스템은 어떻게 연동할지, 교양 차원에서만 진행할 수 있을지, 학생들에게 얼마나 활용성이 높을지 등은 좀 더 관심 있게 지켜봐야겠죠. 요새는 K-Mooc에 접속하지 않고 유튜브에서 정보를 얻잖아요. 이른바 마켓과 아카데미의 경쟁이죠. 이런 생태계는 확산할 것이라고 생각합니다. 이게 잘못되었다고 말하지 말고 상수라고 봐야죠. 다만, 상수인데 어떻게 교육적 효과를 볼 수 있으며 연구역량을 배가시킬 수 있을지를 계속해서 연구하자는 겁니다.

강원대와 강릉원주대가 최근 추진하는 '1도 1국립대' 체제가 눈길을 끈다. 강원대와 강릉원주대가 하나의 교명을 사용하고, 춘천, 원주, 강릉, 삼척의 4개 캠퍼스 체제를 유지한다는 게 골자이다. 캠퍼스별로 특성화를 추진해 각 지역 캠퍼스가 가진 자원을 공유하면서도 자율성을 유지하는 새로운 형태의 대학이다. 기업의 M&A처럼 대학들도 합병하는 사례가 나올까?

국공립대 통합 네트워크 '세종대왕 프로젝트'

국공립대 통합네트워크를 주창해 오셨습니다. 최근에는 대학간 공동학위-공동입학 시스템을 도입하는 '공유성장형 대학체제 개편방안'을 제안하셨는데요. 그나마 나은 국공립대 사정에 비해 지방 사립대, 특히 전문대로 시선을 돌리면 우리나라 고등교육의 미래가 정말 어두워 보이거든요.

___ 기본 출발점은 고등교육재정지원의 토대를 마련하고, 지방대의 연합체제를 하나의 리그로 마련한다는 겁니다. 우선 국립대를 연구 중심, 교육 중심, 온라인 중심 등의 연합체제 리그로 해야겠죠. 국가가 설립했으니 책임지는 겁니다. 그 후에 사립대를 함께 연합체제로 가면 돼요. 사립대끼리 해도 좋고 국립대와 연합해도 좋습니다. 현재 서울 7개 사립대가 연합체를 구성하기도 했죠. 만약 지역국립대가 참여하고 싶다고 하면 어떤 기준이 필요한지 논의해 봐야겠죠. 캠퍼스 자원도 공유하고 입학도 공동입학이 될 수 있도록 기준을 정해야 해요. 어느 캠퍼스에서 대면 수업을 듣고, 온라인 수업은 어떻게 수강할지도 논의해야 합니다. 최종적으로는 해외대학과 교류해 공동학위를 받는 방식도 추진할 수 있겠죠. 유럽 대학들이 에라스무스 프로그램(Erasmus program, 유럽연합 국가 간 고등교육 교류 협력을 위해 시작한 교환학생 제도)을 진행하듯이 우리도 아시아권에서 할 수 있어요. 이른바 학위의 국제화, 학위의 국제통용성의 문제인데, 우리가 주도하는 방식으로 네트워크화해서 시스템을 만들어 보자는 겁니다. 저는 이걸 '세종대왕 프로젝트'라고 부릅니다.

'세종대왕 프로젝트'라니! 정말 멋진 이름입니다. 국공립대 통합 네트워크는 결국 지역대학의 상생을 도모하고, 지역 경제를 지탱하는 측면이 크다는 점에서 긍정적인데요. 통합에 가장 걸림돌이 되는 것은 무엇인가요?

_____ 새로운 생각이고 새로운 도전이죠. 당장은 어려울 것입니다. 세종대왕 프로젝트 이야기를 하면, 제일 먼저 질문이 해외 사례가 있냐는 거예요. 국회 토론회에서도 이야기 하면 반응이 미적지근해요. 결국 '서울대를 없앤다는 이야긴가요?' 식의 질문이 나옵니다. '아니요, 서울대에 버금가게끔 투자해서 좋은 대학을 만들자는 겁니다'라고 대답하면 실현 가능성이 없다는 답이 돌아오죠. 똑같은 패턴이에요. 교수들도 마찬가지이죠. 본인이 나온 대학들이고 자신의 전공 학과가 통째로 사라질지 모르는 불안감이 있기 때문입니다. 우리의 학문 후속세대를 위한 고민이 아니

라 기득권 유지에만 급급한 씁쓸한 모습이죠.

대학은 선택교육인데 왜 지원하느냐는 비판이 꾸준히 제기되어
왔는데, 여기에는 어떻게 답하실 수 있나요?

___ 대학은 투자예요. 대학에 비용이 아니라 투자를 많이 하
면 경제성장에 기여한다는 증거들이 많죠. 지역 경제에 영향을
주고 파급효과도 일어납니다. 경제성장을 위해 SOC(Social
Overhead Capital, 사회간접자본)만 늘릴 것이 아니라 교육에 장기
간 투자하면 지역경제에 영향을 준다는 게 이미 서구에서는 입증
되었어요. 그런데도 당신이 원해서 받는 고등교육을 왜 국가가
투자해야 하느냐는 말을 하는데요. 사적 재화에 공적 역량을 투
입하는 것에 대한 반대이죠. 1960년대 이야기를 지금도 계속하
고 있는 거예요.

구체적인 사례를 들어 설명해 주실 수 있나요?

___ 10년 전에 제가 연구한 논문 내용을 일부 예로 들겠습니
다. 노무현 정권에서 지역균형발전 연구를 하면서 포스코 사례를
들여다보았습니다. 포스코는 제철소가 두 군데 있어요. 처음이
포항, 그다음이 광양이죠. 생산량은 광양이 1.5배 크고 매출도

더 높아요. 포항에 제철소가 건설되면서 인구가 늘었고 거기에 포스텍이 생겼죠. 일자리가 있는 데다가 좋은 대학이 생기니 인구가 계속 늘어났어요. 그러다 1990년대 포스코 본사가 서울 강남으로 이전하면서 그때부터 포항 정체가 시작됩니다. 광양은 어떤가요? 1980년대에 제철소를 지었어요. 그런데 대학을 안 지으니 인구가 늘지 않아서 예나 지금이나 5만 명 수준이죠. 지방세는 광양 제철소에서 세금을 내니까 수백 퍼센트를 넘어요. 자, 한번 살펴봅시다. 포항과 광양 두 도시에 모두 제철소가 있어요. 일자리가 있다는 말이에요. 그런데 포항에는 좋은 대학까지 생겼어요. 그러다가 본사가 서울로 오니 산업구조와 문화구조가 정체되었어요. 지역 균형발전을 위해서는 본사를 서울로 이전하면 안 되었던 것이죠. 교육 인프라, 일자리, 문화 인프라는 반드시 함께 가야 합니다.

일자리와 교육이 상수란 말씀이네요.

＿＿ 그렇습니다. 좋은 대학을 만들어 주고 일자리를 제공하는 것이 핵심이죠. 한국교육개발원이 있는 진천을 또 한번 예로 들어볼게요. 진천의 일자리는 연구소 중심으로 진행됩니다. 이곳에 불비한 것이 좋은 대학과 문화 인프라이죠. 이 때문에 인구 2만

명 수준으로 당분간은 정체될 것이라고 봅니다. 여기에 인프라를 더해야 하는 것이죠. 진천 근처에 충북대가 있어요. 정부가 투자해서 충북대를 서울대나 연고대 못지않은 대학으로 키워 준다면, 이곳 사람들이 왜 수도권으로 가겠어요? 수도권으로 이탈하는 현상은 결국 두뇌 유출과 자본 유출이라는 두 문제를 야기합니다. 지방이 죽으면 수도권도 죽는 건데요, 국가균형발전을 해야만 하는 당위의 문제로 접근해야죠. 그런 면에서 우선 지방에 더 좋은 대학을 만들어야 하고, 그다음으로 이 대학들의 연합체제가 생겨나야겠죠. 국가가 이 부분에 특히 적극적으로 투자해야 한다고 봅니다.

코로나19로 지난 2년 동안 캠퍼스에 간 횟수를 두 손에 꼽는다고 해요. 그래도 시간은 흐를 것이고요. 마지막으로 포스트 코로나19 시대를 살아갈 예비대학생들은 어떻게 공부해야 할지 한말씀 부탁드립니다.

___ 국가도 신입생도 마찬가지이겠지만 대학 전공을 취업과 연동시키는, 이른바 대학을 취업 소개소 정도로 보는 인식을 버리면 좋겠어요. 앞으로는 전공과 노동시장의 연계성이 많이 떨어지고 역량 중심으로 갈 건데요. 모두 알고 있는 이야기를 다들 쉬

쉬하고 있어요. 앞으로는 교육받을 수 있는 의무 연한과 기대 수명을 연계시켜야 해요. 기존에 기대 수명이 60세였던 시기를 예로 들어볼게요. 그러면 제 가설은 60세의 30%인 18세까지는 정규교육을 받아야 한다는 거예요. 계산해 보면 고등학교까지가 정규교육인 시대였죠. 그런데 기대수명이 85세로 늘어나면 인생의 30%인 20대 중반까지 정규교육을 받아야 하고 그에 따라 대학교육이 전공심화가 아니라 일반교육화되는 것이죠. 과거 고등학교 교육은 기본으로 받아야 했듯이 이제는 대학교육이 전문교육이 아니라 보편교육이란 걸 인식한다면, 대학 진학률을 90% 이상으로 늘리는 것이 국가의 역할 아닐까요? 일부에서는 대학은 아무나 들어갈 수 있다고 자꾸 대학 수를 줄이자고 하는데요, 저는 기대수명과 연동하면 고등교육 기능을 강화할 수밖에 없다고 생각합니다. 다만 대학에 와서 전공을 통한 취업만 걱정하지 말고, 자기 역량을 실컷 발휘해 보자는 것이죠.

혁신적인 아이디어인데요. 그런데 미국이나 유럽은 고등학교만 졸업해도 사회 생활하는 데 큰 지장이 없잖습니까? 우리와는 좀 다른 조건인 것 같아요.

_____ 그래서 선취업 후진학이 나온 거예요. 그런데 선진국에도

딜레마가 있어요. 유럽 국가들은 고등학교만 졸업해도 1억 연봉이 가능한 곳이죠. 여기서 그 나라들이 갖고 있는 함정과 딜레마가 나오는데요. 사람들이 대학을 안 가면서 인적 자원의 질이 떨어지고 있다는 겁니다. 그래서 유럽에서는 대학 진학률을 높이자는 목소리가 자꾸 나오죠. 바이든 미국 대통령 역시 한국은 고등학생 70%가 대학에 간다고 말하면서 고등교육을 받은 사람이 필요하니 대학에 진학하라고 합니다. 그런데 정작 우리는 거꾸로 대학 가지 말라는 이상한 말을 해요. 국가의 지속 가능성과 미래의 고급인력 양성을 위해서는 대학 진학률을 더욱 높여야 하고, 대학은 고등학교처럼 보편교육과 다양한 교양교육을 제공하면서 교류를 통해 전공만 공부하는 게 아니라 스스로 역량을 개발해야 하는 곳이 되어야 합니다.

4장

미래 직업에서 갖춰야 할 핵심
역량은 '데이터'와 '협업'
(재취업·직업교육훈련)

나영돈
한국고용정보원장

경북 청도 출생. 한국외대 아프리카어과를 졸업하고 서울대 행정
대학원에서 석사를, 프랑스 파리 국립기술직업대(CNAM)에서 경
제학 박사 학위를 받았다. 제34회 행정고시 출신으로 고용노동부
고용서비스정책관, 직업능력정책관, 청년여성고용정책관, 노동
시장정책관, 서울지방고용노동청장, 고용정책실장을 역임했다.
현재 제6대 한국고용정보원장이다. 고용정책은 취약계층을 우선
하고 지역의 산업계가 중심이 되어야 하며, 커리어 개발을 지원
하여 디지털 역량을 키우는 데 초점을 맞춰야 한다고 강조한다.
최근에는 빅데이터와 인공지능 기반으로 전국민의 생애경력개발
을 지원하는 잡케어(JobCare)시스템를 개발하여 보급하는 데 주력
하고 있다.

◆

고용시장을 변화시킨 코로나19

코로나19로 고용시장도 충격을 받았죠. 변화의 원인을 분석해 본다면요.

___   고용시장은 변화의 동인이 두 가지라고 봅니다. 기술구조 변화와 인구구조 변화가 그것이죠. 구조라는 말을 넣은 이유를 설명드리면, 기술은 계속 발달하지만 패러다임 자체는 정보가 있는 쪽으로 바뀌기 때문입니다. 속도는 말할 것도 없고요. 먼저 기술구조 변화 문제를 보자면, 저탄소와 데이터 경제는 이미 노동시장에 엄청난 변화를 주고 있습니다. 이 때문에 고용시장에서 자동차도 같은 자동차가 아니듯이 기존 직업에도 빠른 변화가 발

생하는 것이죠. 예를 들어 엔진 관련 종사자도 3~4년 전부터는 고용이 급감하고 있어요. 전기차, 배터리 등 그린 뉴딜 관련 직종 등 환경오염을 적게 하는 쪽으로만 고용이 늘고 있습니다.

그러면 인구구조 변화가 고용시장에 끼치는 영향은 어떻게 되나요?

___ 우리나라의 인구도 고령화되고 있습니다. 베이비붐 세대가 있었지만 생산가능인구인 15~64세까지를 보면 이미 정점을 지났어요. 이제 15세 이상 인구도 정점을 지나고 있는데, 에코 베이비붐 세대가 30대에 진입하면서 청년 급감을 체감하고 있습니다. 고령화도 예전부터 빨라질 것이라고는 했지만, 그 사실을 체감하는 순간이 중요한데요. 처음에 지표상으로 확 줄어들어도 체감하지 못한 이유는 완충지대가 있었기 때문이에요. 과거에 학령인구가 감소했다는 지표가 나왔고 대학에서 그 지표를 보면 당장 큰일 날 것 같았는데, 실상은 수십 년 동안 학령인구 감소의 체감이 지연됐어요.

학령인구 감소 지표는 일찍부터 나왔지만 현실에서 체감하기 어려웠다는 말씀이시죠.

___ 그렇습니다. 대학진학률이 높아진 거예요. 고등학교를 졸업하고 이렇게 많은 학생들이 대학에 갈 줄 몰랐던 것이죠. 높아진 대학진학률은 가수요를 부릅니다. 그다음으로 전문대로 가던 학생들이 전문대를 안 가고 4년제 대학으로 옮겨 가는 거예요. 하지만 지표상으로는 그런 이동까지 예측하기가 어렵죠. 게다가 재수생이 많았던 시절이 있었는데, 이게 수십 년에 걸쳐 서서히 영향을 끼치니까 단순한 인구구조로는 볼 수 없는 문제였죠. 지금은 인구 자체가 정점을 다 지나서 감소하다가 고령자 비율이 급커브처럼 올라가고 있는데요. 이 역시 코로나19와 관계없이 급변할 수밖에 없는 시기입니다.

우리 사회가 고령화, 저출산 시대로 접어들었습니다.

___ 인구구조 변화 안에서 우리 사회가 사실 고령화 문제를 일찍 지적했는데 너무 빨리 지적해서일까요. 사람들에게 잊힌 것 같다는 생각이 듭니다. 저출산 이야기도 많이 나왔지만 고령화와 함께 너무 당연하게만 생각해 온 거예요. 지금이 본격적으로 고령화와 저출산을 대비해야 할 시기입니다. 사실 베이비붐 세대의 은퇴는 지금이 정점이라고 봐요. 이들은 과거 은퇴자와 달리 경험과 노하우가 많고 학력 수준이 높습니다. 과거의 고령자 고용

대책과 지금의 고령자 고용대책이 달라져야겠죠. 기술구조와 인구구조에 맞는 노동시장 급변이 불가피합니다. 과거에는 기술변화와 관련해서 산업현장에 필요한 직업교육훈련 시스템을 갖추지 못하면 큰일 난다고 봤는데요. 고령화 관련해서는 한쪽에서 튼튼한 사회안전망을 갖추면서, 다른 한쪽으로는 고급인력의 전직이 용이하도록 해야 합니다.

평균 수명이 길어지고 60세 정년 이후에도 충분히 일을 할 수 있는 노동자들이 많아지고 있습니다. 우리나라는 고령화가 빠른 속도로 이루어졌는데, 호봉제를 시행하는 많은 기업은 이들의 숙련된 기술과 업무 이해도를 고려해 계속 고용하고 싶지만 높은 임금 때문에 주저하는 것도 사실입니다. 국가 차원에서 고령층을 지원할 필요가 있지 않을까요?

___ 우리나라는 전 세계에서 고령화 속도가 가장 빠른 나라이며, 2025년에는 인구 5명 중 1명이 65세 이상에 해당하는 초고령 사회에 진입할 것으로 전망하고 있습니다. 사실 저출산·고령화에 따른 사회적·직업적 환경 변화는 비단 고령자 등 특정 계층뿐 아니라 모든 사회 구성원에게 큰 영향을 미치기 때문에 보다 거시적이고 총체적인 관점에서 고령사회 이슈에 대응하는 일이 무

엇보다도 중요합니다. 당장은 계속 고용장려금 지급이나 재취업 지원 서비스 강화 등을 통해 고경력 숙련 전문인력의 고용 유지나 고용 촉진을 지원하는 노력이 시급하겠고, 더 나아가서는 직무급 중심의 임금체계 개편, 정년 이후의 계속 고용이나 고령층의 요구와 특성을 반영한 유연한 근로 형태의 도입과 관련된 사회적 합의와 제도 개편, 고령 친화적인 작업장 환경 개선 등에 대한 논의와 지원도 필요합니다. 또한, 평생에 걸쳐 지속 가능한 고용 가능성의 유지와 향상이 앞으로 더욱 중요해진다는 점에서 30, 40대 등이 가능한 이른 시점의 재직 단계에서부터 생애 경력 개발과 직무역량 향상을 적극적으로 실현할 수 있는 환경 조성과 지원도 중요하다고 생각해요.

고령자 고용대책은 임금체계를 손보지 않고는 어렵지 않나요?

_____ 연공서열 중심의 임금체계 때문에 재취업이 어렵다고 하죠. 또 경영자 측에서는 연공급 임금체계를 유지하면서 정년 연장을 하는 게 부담되니 돌파구를 못 찾고 있습니다. 이들이 회사에서 임금 인상 대신 근무시간을 좀 줄이면서 기존에 가진 도메인 지식을 활용하고 데이터 경제에 관해 추가로 공부해서 회사에 이바지할 수 있다면, 신규인력 보충보다 오히려 기여도가 높을

것이라고 예상하는데요. 연공서열이 강한 우리나라 조직 문화에서 그렇게 실행되기가 어렵죠. 후배들은 선배가 눈치 없이 왜 계속 남아 있느냐고 생각하고, 고령 노동자들은 임금이 깎이는데 창피하게 남아서 일해야 하느냐는 생각들이 우리나라 기업의 조직 문화에 남아 있기 때문에 인사 · 노무 관리에 큰 장애가 되는 것 같아요.

인구구조 변화로 인구가 감소해요. 가뜩이나 일손이 부족한 노동시장은 노동자 구하기에 애를 먹습니다. 그러다 보니 외국인 노동자에게 눈을 돌렸죠.

_____ 총량적인 접근으로 보면 이민 문호를 열고 외국인 노동자를 받아들이는 방법이 설득력 있어 보여요. 하지만 개인적으로 노동시장이든 사회정책이든 양적으로만 접근할 수 없는 만큼 질적인 강화가 필요하다고 봅니다. 직업교육을 강화하고 산업계 시스템에 활력을 불어 넣고 재교육 강화에도 집중해야 한다는 말이죠. 이 부분을 소홀히 하고 이민 정책에 집중하는 것은 문제가 된다고 봐요. 실상은 둘 다 필요합니다. 우리나라는 과거 외국인 노동자 시스템을 도입할 때 태백 광부 수입 논란부터 산업연수제 시도를 거쳐 결국 고용허가제로 정착하는 과정에서 세계적으로

꽤 성공한 수입모델이라고 인정받는 관리 시스템을 갖추었지만 이것만으로는 한계가 있다는 말입니다.

한국인 노동자와 외국인 노동자 사이에 임금 문제가 생긴 것이죠.

___ 우선 외국인 노동자 인력이 들어왔지만 저임금 계층의 임금 인상이 잘 이루어지지 않았어요. 게다가 중국 시장이 급팽창하면서 중국의 저임금 시장과 경쟁도 심해졌고요. 그 시기에 기업들이 국내 저임금 분야의 임금을 올려주면서 경쟁력을 확보하기보다, 직접 중국에 생산을 맡기고 대금을 지불하는 방식으로 접근했습니다. 이것이 우리나라 저임금 노동자 비율을 미국처럼 높은 수준으로 유지할 수밖에 없었던 이유예요. 이로 인해 최저임금이 빠르게 인상되었고, 이는 사회적 갈등을 수반하는 뿌리가 되고 말았습니다. 여기에 외국인 노동자 문제가 부분적으로 연관되긴 했지만, 전체적으로 보면 산업구조 조정이 너무 빨라도 문제이고 너무 늦어도 장기적인 부작용이 생기는 거예요.

외국인 노동자 문제는 어떻게 풀어야 할까요?

___ 외국인 노동자 문제는 대체효과와 보완효과 측면에서 풀어가야 합니다. 우리 산업구조를 조정해 가면서 두 효과를 모두

고려해야 하는데요. 보완효과 측면에서는 외국인 노동자를 고용하면 기업과 그 산업이 망하지 않고 유지되어 내국인 노동자 고용도 보장되는 겁니다. 외국인 노동자가 없으면 한국인 노동자 10명을 뽑았다가 3년 후에 기업 문을 닫는 게 나을지, 아니면 외국인 노동자 7명을 채용하고 한국인 노동자 3명을 채용해 30년을 유지하는 게 나을지의 문제이죠. 완전한 대체효과나 보완효과는 없어요. 전체적인 효과를 봤을 때 외국인 노동자 고용은 타당해요. 지금까지도 전반적으로는 긍정적이었고요. 지금 해야 할 과제는 중간기술 인력에 대한 부분입니다. 이 문제를 꼭 이민 정책으로만 풀기보다는 이민의 문을 열어주되 외국과 협동 프로젝트를 통해 중간기술인력 교류를 확대할 필요가 있다고 봐요. 이 방안은 대체효과보다 보완효과가 큰 부분이겠죠.

재택근무, 미래 노동 형태의 표준

코로나19는 업무 형태도 재택근무로 바뀌었습니다. 구글이나 페이스북 같은 기업은 코로나19가 종식되더라도 일정 부분 재택근무를 유지할 것이라고 합니다.

___ 우리나라는 장시간 노동의 이미지가 강한 나라입니다. 상대적으로 단축근무나 재택근무도 더뎠고요. 그런데 우리 사회가 굉장히 빨리 변하는 영역 또한 근무 형태라고 봐요. 대표적인 사례가 남성 육아휴직입니다. 사람들 사이에서 워라밸(work and life balance, 일과 삶의 균형), 일·가정양립, 생산성 중심으로 일하는 유연근무제 확산 요구가 커지면서 가장 먼저 주목받은 것이 남성 육아휴직입니다. 공공기관에서도 대대적으로 남성 육아휴직을 장려했는데요. 불과 얼마 전만 해도 공무원 남성이 육아휴직을 한다면 신문에 났을 정도인데, 지금은 공공기관이나 사기업 남성들이 육아휴직을 한다고 해도 전혀 어색한 일이 아닙니다. 장시간 노동이나 경직된 '9 to 6' 문화는 이미 몇 년 전 이야기 같아요. 그런 면에서 코로나19로 전면 등장한 재택근무는 기술발달과 연계해서 생각할 문제라고 봅니다.

기술발달이요?

___ 그렇습니다. 줌(Zoom) 같은 온라인 화상회의와 강의를 사용해 보지 않은 사람은 2020년 여름만 해도 '그거 해 봤어? 불편하지 않아? 강의가 이상해'라고 말하다가, 가을쯤 되니 '해 봤는데 딱히 불편한 건 없더라고, 다만 강의할 때 학생들 몰입도가 떨

어져'라며 익숙해졌어요. 해가 바뀌면서는 비대면 회의와 강의의 장단점을 완전히 파악한 것이죠. 통신기술 자체가 발달해서 불편함이 없어지고 있고요, 교재도 온라인에 올려 두고 활용하는 데 익숙해지는 등 학습이 된 겁니다. 직장도 마찬가지였어요. 회사에 가지 않으면 일이 안 될 줄 알았는데 정작 회사는 잘 돌아가는 거예요. 떨어져 있어도 같이 일할 수 있다는 기술을 터득한 것이 코로나19가 일상에 끼친 가장 큰 영향입니다.

코로나19로 어쩔 수 없이 재택근무로 전환했지만, 여전히 재택근무를 탐탁지 않아 하는 기업이 많습니다.

_____ 워라밸을 중시하는 노동자 처지에서는 재택근무를 선호하지만 기업은 불편하겠죠. 특히 인사·노무 영역에서요. 이제 기업과 노동자 양쪽 이해관계로 보면 재택근무는 확산될 것으로 봅니다. 과거로 돌아가긴 어려워요. 기업도 난관을 극복하는 연습이 많이 되어 있고요, 노동자는 한번 해 보니 이제는 포기하고 싶지 않을 테니 접점을 찾아야겠죠. 다만, 코로나19 백신과 치료약이 개발되면 미국 일부 기업이 재택근무를 줄인다고도 하더라고요. 재택근무의 지나친 확산에 따른 부작용에 경각심이 있다고 보는데, 일부가 아닐까 생각합니다. 이미 재택근무는 우리가 가

늠할 수 없을 정도로 업무 환경 변화에 큰 부분을 차지하게 되었으니까요.

도덕적 해이를 우려하는 지적도 있습니다.

___ 공공기관뿐만 아니라 많은 영역에서 제공하는 서비스도 비대면으로 진화하고 있어요. 고용서비스 영역만 해도 1년에 150만 명이 실업급여를 받으러 옵니다. 집체교육을 받고 4주마다 출석체크하고 직업상담을 했어요. 요즘은 집에서 온라인으로 실업급여를 신청하고, 온라인으로 교육을 받는 것으로 변경되었죠. 그러면 실업급여 부정수급자가 엄청나게 늘어났을까요? 코로나19 이전에는 출석 교육 참여 자체가 실업을 증명했으니 출석의 의미가 있었죠. 직접 얼굴을 보고 확인하던 과정을 지금은 코로나19 때문에 하지 못해요. 그런데 막상 비대면으로 해 보니까 생각보다 부정수급 문제가 심각하지 않았어요. 더 많은 모니터링이 있었지만 부정수급은 생각보다 덜 증가했다는 겁니다.

그래도 부작용에 대한 정교한 대비는 필요해 보입니다.

___ 비용 대비 효과를 따져 보며 대응해 나가야죠. 코로나19로 비대면 서비스에 자신감이 생겼어요. 코로나19 시기를 거치면

서 인프라에 엄청난 투자를 했습니다. 시간과 공간의 제약이 없는 고용서비스를 '고용24'라고 명칭을 붙이고 준비하고 있죠. 비대면 온라인 서비스는 상시로 운영되니 한밤중에 신청해도 인공지능(AI)이 다 접수해 두었다가 분류합니다. AI가 부정수급 사례를 적발하는 데 필요한 고도화 기술을 찾아내는 보완연구도 진척되고 있어요. 이런 인프라를 기본으로 자신감과 용기가 생겨 나고 있다고 봐요. 사실 실직자들을 상담할 때 10명 내외로 집단상담도 했는데요. 코로나19가 오면서 비대면으로 해야 하는데 처음에는 불가능하다고 생각했어요. 하지만 상담전문가들은 비대면으로 해 보니 얼굴 보고는 말을 하지 않는 사람들도 문자나 온라인으로 속을 더 잘 털어 놓는 이점도 있다고 하더라고요. 정답이 꼭 하나라는 고정관념이 흔들린 것이죠. 재택근무와 비대면이라는 방향성은 결국 바뀌지 않는다고 봅니다. 속도의 문제일 뿐 준비해야 합니다.

평생교육 시대의 직업교육, AI 교육에 전문대도 참여해야

경제협력개발기구(OECD)의 '국제성인역량조사' 결과에 따르면 우리나라 대학 졸업자의 전공과 직업의 불일치는 50%에 달합니다. OECD 국가 중에서도 가장 높은 수준인데요. 고등교육 이수율은 70%대에 이르지만, 직업-전공의 불일치가 심각해요.

＿＿＿ 우리나라의 직업교육 체제는 특성화고와 전문대 중심으로 되어 있었죠. 하지만 지금까지 전문대가 고등전문직업교육훈련기관으로 역할을 제대로 하지 못했다고 봅니다. 우리나라는 대학진학률이 높아요. 학구열이 강하다 보니 4년제 대학을 선호하는 경향도 있고요. 하지만 전문대에서는 직업교육훈련이라고 보기 어려운 학과, 특히 외국에서 보면 4년제 대학 학부나 대학원에나 설립할 법한 경영학, 행정학 등이 개설되어 있을 정도로 정체성이 혼돈된 상태로 확장해 왔어요. 그러다 보니 직업교육훈련이 교육시스템에서 제대로 작동하지 못했고 이른바 학벌 중심으로 간 겁니다. 직업역량 중심으로 가기에 취약했다고 봐야죠.

특성화고는 어떤가요?

＿＿＿ 특성화고는 개발경제 시절부터 크게 기여한 측면이 있지요. 다만, 최근 교육제도 개편의 영향을 받아 계속 부침이 있었습니다. 현장실습도 사회적 합의가 잘 이루어지지 않아 정체성을 찾지 못하고 있는데 안타까운 마음입니다. 고용노동부 차원에서

는 기술교육 중심으로 폴리텍대와 한국기술교육대를 운영해 왔지만, 인구 고령화나 기술 급변이라는 전체적인 측면에서 볼 때 직업교육을 추동하기에는 규모 면에서 미약하죠. 그 때문에 특성화고와 전문대의 역할이 더 중요하다고 생각해요.

평생교육 시대에 전문대 역할을 강화해야 한다는 지적이네요.

____ 그렇습니다. 평생교육 수요가 엄청나게 늘어났는데 전문대가 어떻게 준비해야 할까요? 학령인구 감소로 지방에 있는 전문대부터 지방 4년제 대학들은 이미 충격을 받았고요, 수도권 4년제 대학들도 충격을 받고 있어요. 그런데 이건 직업교육훈련 수요가 감소한 게 아니라 과거 학생들이 학벌과 대학 간판에 몰린 학벌 수요로 봐야죠. 그럼 직업교육 훈련 수요는 어떤가요? 기술 변화에 따라 기업에서 필요한 인재 수요가 예전보다 줄었나요? 기술이 급변하고 나라가 성장을 거듭해 왔기에 더 첨단기술이 필요합니다. 예전에는 학교에서 외국 기술을 모방해 교재를 만들어 학생들을 가르치니 기업들이 인재를 뽑기 편했는데, 지금은 우리 기업의 경쟁력이 상위권이에요. 이 경쟁력을 학교에서 따라가기가 굉장히 어려워진 겁니다. 이런 상황에서는 직업교육훈련 수요가 매년 폭증해도 제대로 대응하지 못하게 됩니다. 이것이 기술

변화의 측면입니다.

인구변화 측면에서도 분석해 봐야 할 것 같아요. 과거에는 대학 졸업장만 있으면 취업할 수 있었지만, 지금은 한 사람이 평생 7~9개의 직업을 가진다는 연구도 있죠. 중장년의 재교육에 관한 관심이 높아지는 배경인데요.

___ 맞습니다. 청년이 줄어들어 입학자원이 없다고 소극적으로 해석할 것이 아니라, 평생직업교육은 직업을 여러 번 바꾸게 되면서 잠재수요가 많아졌어요. 나이가 들어서도 직업을 옮기는 횟수가 월등히 많아지죠. 과거에는 직업을 바꿀 때 더 배우지 않아도 유사 분야로 가면 되었는데, 이제는 그냥 옮길 수 있는 곳이 별로 없어요. 나이 많은 노동자이고 직업 경력이 이미 있다고 해도 더 배우지 않으면 갈 곳이 없는 거예요. 이건 기존의 자기 영역을 더 배우는 차원이 아니라 자신이 안 했던 영역을 추가하고 보완하는 성격이 강하죠. 90% 이상이 융합적이라고 봐요. 사실 융합은 특정한 기술로 전문분야에 종사하고 있을 때 추가로 해야 융합이죠. 처음부터 청년 노동자가 융합을 이야기하기는 어렵거든요. 어느 것 하나 전문성을 갖추지 못한 상황에서 여러 가지를 하려면 특별한 능력을 갖춘 사람이 아니고서야 벅찬 일이죠. 결

국 재교육이야말로 가장 창의적이어야 하고, 문·이과의 장벽을 허물어야 하는 영역입니다. 재교육에서 가장 중요한 융합이라는 측면에서 직업교육훈련의 수요는 기술변화와 인구변화에 따라 증가하기 마련이고요.

청년이 줄어들어도 기술수요가 있으면 중장년에 대한 재교육 수요가 커진다는 이야기군요.

___ 그렇습니다. 인구변화 측면에서 청년이 줄어들면 한편으로 입학자원이 줄어들지만, 기업 처지에서는 기술수요가 계속 있으면 기존 중장년 노동자에 대한 재교육과 전직 수요가 더 커지게 되죠. 기존에 10명을 채용했다면 이젠 5명을 뽑아야 하는 건데요. 그 5명이 10명의 역량을 감당하려면 역량을 고도화해 생산성을 높여야 하죠. 그런 직업교육훈련 수요를 정적으로 분석하는 것이 아니라 입체적으로 분석할 필요가 있어요. 직업교육훈련기관 종사자들이 자신감을 가질 필요가 있다고 봅니다.

기술변화 측면에서 보면 디지털 뉴딜, 그린 뉴딜 시대에는 AI 전문인력이 20만 명이나 부족하다는 언론 보도도 있어요.

___ 사실 수십만 명을 양성할 곳이 있을까요? 수요가 없는 게

아니라 공급을 못한다는 뜻이죠. 수요가 늘어서 지원을 늘려야 하는 거예요. 그래서 전문대에 더 많은 예산을 투입해야 한다고 보는데요. 이에 대한 국민적 공감을 얻으려면 이런 수요에 대한 명확한 식별이 우선입니다. 그다음에 수요를 감당해 낼 수 있다는 것을 국민에게 보여 줘야겠죠. AI, 데이터 전문인력 20만 명을 양성할 수 있나요? 국내 유수 대학에 AI 대학원 10개를 만들었지만 교수 충원도 어렵고 학생을 대규모로 모집하기도 힘들어요. 이것을 직업전문학교나 전문대, 폴리텍에서 한다? 여기에 대한 공감이 약해 보이지만 전 충분히 할 수 있다고 봅니다. AI가 천재들만 하는 건 아니잖아요. 새로운 딥러닝, 알고리즘을 개발하는 작업은 전문가들이 모여서 해야겠죠. 하지만 이를 산업에 적용하고 서비스를 고도화해 생산성을 높이는 데 적용하는 일은 응용과 적용의 영역입니다. 이때 필요한 기초 수학적·통계적 지식은 일반 직업교육훈련에서 가르칠 수 있고 가르쳐야 한다고 생각해요.

AI 인재를 양성하는 데 꼭 4년제 대학생이나 대학원생만을 대상으로 할 필요는 없다는 말씀이시네요.

___ 그렇죠. 우리가 스마트폰에서 사용하는 앱들은 매일 새로

운 게 나와요. 사진 찍고 SNS에 올려서 소통하면서 행복하게 살고 있잖아요. AI 기술이나 데이터도 응용할 수 있는 부분은 모두 할 수 있기 때문에 누구는 할 수 있고 누구는 할 수 없다고 미리 판단할 필요가 없다는 말이죠. 우수 인력이 없다고요? 외국에서 우수 인력을 데려오는 건 특수 분야의 R&D 영역이죠. 모든 사회가 데이터 중심으로 변화하고 있는데, 우리가 해야지 누굴 더 데리고 와야 하나요? 그런데 일부 대학원에서만 이런 인재를 배출한다면 기업에서 적은 인건비로 이들을 뽑아 쓰는 게 얼마나 가능할까요? 학생들에게는 기업의 프로젝트와 연계한 현장 중심의 실천적 교육이 절실합니다. 그래서 지금 공부하는 학생의 필수 부전공은 데이터가 되어야 합니다. 모든 학생이 다 해야 한다는 뜻이에요.

전문대에 기존에 설치된 학과 구분이 있고 교수와 교재가 있는데 어떻게 AI, 데이터 영역으로 확장할 수 있는지 궁금합니다.

_____ 이게 바로 관건입니다. 교수들이 과연 바뀔 수 있을까요? 이걸 해내려면 결국 기업과 산업에서 필요한 능력을 정확하게 진단해서 그들이 원하는 방향으로 교육 콘텐츠와 체제를 바꿔야 합니다. 조금 과격하게 들릴 수도 있습니다만, 교재도 교수가 만드

는 것이 아니라 산업 현장에서 원하는 교재를 만들어야 해요. 강의도 교수만의 전유물이 되어서는 안 됩니다. 교수들은 방학 동안 현장 경험을 쌓아야 해요. 현장 경험이 없는 강사라면 당연히 교수 신규 채용에서 걸러내야죠. 기존 교수들은 방학마다 산업 현장에서 공동 프로젝트를 수행하며 경험을 쌓아야 한다는 겁니다.

하지만 교수 평가에서 큰 비중을 차지하는 항목은 논문이나 저술 실적이에요. 현장 경험까지 하기는 시간이 부족할 것 같은데요.

___ 4년제 연구중심 대학도 아닌데 지금도 일부 전문대에서 교수들이 논문을 의무적으로 쓰도록 부과하고 있어요. 잘못되었다고 봅니다. 왜 논문만 쓰고 있나요? 현장에 갔다 온 경험을 평가해서 그것이 산업현장의 기술변화를 추동하는지를 봐야 하는데 말이죠. 전문대 교수들도 산업 현장 출신들이 직접 강단에서 가르치는 비율을 높여야 해요. 기존 교수들에게 수시로 방학에 현장 경험을 쌓게 하는 건 필수이고, 옵션으로는 기업 출신들의 강사 비중을 30%, 50%, 70%로 점차 비중을 높일 수 있도록 꾸준히 산업계와 함께 논의해야 합니다.

전문대가 산업계와 긴밀히 공조해야 한다는 말씀이시군요.

___ 그렇습니다. 등록금도 동결된 지 10년이 넘었어요. 기업과 협업이 필수이죠. 전문대에서 이론 강의를 듣고, 산업 현장에서 실습을 병행하는 방식으로 가야 해요. 동종 기업끼리 공동으로 네트워크를 구성할 수도 있고요, 업종별 단체나 큰 기업을 같이 묶어서 교육계와 인프라를 공유할 필요가 있다고 봅니다. 우리나라는 대기업 중심이지만 업종별 단체는 중소기업끼리 모여 있어요. 글로벌 기업은 그들 나름대로 R&D센터를 만들어 수천 명씩 외국인 인재를 채용하지만, 우리는 중소기업 투자에 관심이 적어요. 같이 해야 합니다. 여기에 전국 각지의 전문대에서 자신들이 잘할 수 있는 영역에 참여하는 컨소시엄 등을 만들어 가야 해요. 전문대협의회든 상공회의소든 중소기업중앙회든 여러 단체가 모여서 논의를 많이 하면서 틀을 만들어 가면 좋겠다는 생각이 들어요. 우리나라에 성공적 모델이 없는 게 아니에요. 다만 지속성이나 확산성이 없다는 것이죠. 그러려면 협회든 산업계든 교육계든 그런 사례를 모으고 우리도 할 수 있다는 사실을 확인하면서 앞으로 나아가야 합니다.

중소기업에 대한 제도적 지원은 이미 많이 이루어지고 있지 않나요?

＿＿ 사실 우리 산업계가 재정적인 관심과 지원 쪽으로만 에너지를 쏟고 시간을 할애합니다. 물론 재정적 지원도 필요하면 해야죠. 하지만 너무 불균형적이지 않나 생각해요. 많은 국민이 거기에 꼭 세금을 써야 하느냐는 의문을 품거든요. 과거에 전문대가 직업교육과 무관한 문과 계통에서도 학생을 뽑았죠. 이에 대한 국민적 불신이 아직도 있어요. AI 대학원에 투자하는 건 이해할 수 있어도, 전문대에 지금 투자해도 되는가 하는 불신이죠. 사실 전문대의 중간기술 이상의 고등직업교육이 잘 되어서 숙련기술자를 늘려야 하거든요. 우리나라 기술은 정말 허리가 약해요. 허리가 튼튼해야 그 위와 연결됩니다. 저는 결국 직업교육훈련이 중간 허리를 견고하게 만들 수 있다고 생각해요. R&D와는 또 다른 측면이죠. 폴리텍대이든 평생교육기관이든 이 부분에 대한 준비가 최근 늘고 있습니다. 폴리텍대는 학과 개편을 하면서 중장년 교육 비중을 늘려가고 있어요. 개별 모델로 보면 합격이지만 우리 사회 전체를 놓고 직업교육훈련, 재교육 차원에서 보면 부족하죠. 그래서 폴리텍대만으로는 한계가 있다는 겁니다.

프랑스의 재취업·직업교육훈련

미래 변화에 대응하기 위한 평생 직업교육은 학력이나 학벌이 아닌 '무엇을 아는가'보다 '무엇을 할 수 있는가'에 초점이 맞춰지는 것 같아요. 현장 경력, 자격증 등 직업능력을 인정해 주는 문제가 발생하는데요. 역량 중심 사회로 전환하는 것이죠. 코로나19가 이런 사회로 변환을 앞당길 것으로 예측하시는지요?

_____ 급작스럽게 닥친 코로나19는 우리 사회의 변화를 미리 앞당겼고, 미래 사회 대응에 필요한 능력과 역량에 대해서도 인식의 변화가 필요하다는 메시지를 주고 있습니다. 미래 사회에는 머리로 익히는 '지식'이 아닌 활동과 참여를 통해 체득한 '역량'의 중요성이 점차 커질 겁니다. 사람들은 이제 필요하고 원하는 서비스와 상품이라면 꼭 대기업이나 유명인이 만들지 않아도 기꺼이 구매하고 있어요. 특히 코로나19를 통해 우리는 모두 어느새 비대면에 익숙해졌고, 전통적이고 획일화된 것이 아닌 창의적이고 혁신적인 것에 가치를 부여하고 있습니다. 이런 창의성과 혁신성은 비단 청년층에만 국한되는 능력은 아니죠. 평생교육과 평생 경력개발을 통해 중장년들이 본인의 일 경험과 역량에 바탕을 두고 새로운 진로를 개척한다면 경험이 부족한 청년들보다 더 유

리할 수도 있습니다. 다만, 많은 사람이 현장과 연계된 경험을 쌓고 그 경험 하나하나가 미래 사회를 이끄는 숙련된 전문성으로 발전하기 위해서는 학교, 기업, 정부가 함께 발맞춰야 할 것입니다.

원장님은 프랑스 파리 국립직업기술대학교(CNAM)에서 경제학 박사 학위를 받으셨는데, 프랑스의 재취업·직업교육훈련은 어떤가요?

___ 우선, 제가 공부했던 프랑스를 먼저 설명할게요. 프랑스는 1789년 대혁명 이후 중세 시대에 확립된 종교, 철학 중심의 대학 제도 대신 노동자 중심의 대학을 신설해 박사과정까지 설치했어요. 미국의 기술발전은 미국항공우주국(NASA)에서 선도하지만, 프랑스 기술은 직업교육이 선도해요. 대혁명의 정신이 교육계에 계승된 것이죠. 고등 직업교육 전문기관들이 많이 생겼는데, 그중 에콜 노르말 쉬페리외르(ENS, 국립고등사범학교)에서는 교직·공직·행정에 종사하는 전문가를 양성하죠. 제가 공부한 파리 국립직업기술대(CNAM)에서는 기능사부터 석·박사까지 직업과 관련된 모든 영역을 다룹니다. 프랑스 전역에 캠퍼스가 150개가 넘어요. 제가 공부하면서 느낀 점을 말씀드리는 게 이해가 쉬

울 텐데요. '기업·고용·노동 대학원'에서 연구했는데, 가장 특이했던 것이 파리 국립직업기술대를 중심으로 노동경제와 관련된 5개 대학, 대학원과 10개 연구기관(노동연구원 포함)이 협업하며 공동운영하는 구조였습니다.

통상 한 대학원에 등록해 지도교수에게 지도받는 방식이 아니네요.

___ 등록금은 파리 국립직업기술대에 냈는데, 지도교수는 파리동대학(구 마른라발레) 노동경제학과장이셨어요. 그분이 지정하는 강의를 파리동대학에서 듣고, 파리 국립직업기술대에서는 세미나를 들었죠. 논문은 고용연구센터(CEE)에서 썼습니다. 컴퓨팅 역량이 부족하다고 하니 고용연구센터 전산 직원을 연결해 도움을 받게 했고요, 통계분석 능력이 부족하다고 이야기했더니 계량전공 부지도교수를 연결해 주었죠. 협력이 정말 잘 되어 있더라고요. 저보고 '당신의 연구주제는 우리 15개 컨소시엄 기관 중에서 ○○○ 교수와 가장 잘 맞다'라면서 논의 후에 그 분야 최고 전문가에게 연결해 준 겁니다.

한 기관에서 독점하는 구조가 아니네요.

＿＿　어디에 입학하는 게 중요하지 않았어요. 일단 가면 전문가가 모여 상의하고 어떤 교수의 지도를 어느 연구소에서 받으면 좋겠다는 게 나왔어요. 그냥 일반대학으로 갔더라면 논문 쓰느라 힘들었겠죠. 연구소에서 또 한 번 충격을 받았는데요, 바로 자료입니다. 국내에서 자주 인용하는 OECD 자료는 없어요. 프랑스 전체를 대상으로 한 자료도 많지 않았고요. 방대한 자료가 있었는데 모두 지역별, 업종별 자료였어요. 스트라스부르그의 최근 5년 자료, 릴의 상황이 담긴 자료들이었죠. 지역별 사례 중심 연구 자료 중에 20년 이상 된 것이 가득하더라고요. 너무 충격을 받았습니다.

산업계, 노동계에서 거시적인 지표 대신 지역 중심, 업종 중심의 미시적 지표의 중요성을 느끼신 거네요.

＿＿　그렇습니다. 연구 이후로 프랑스에서 공무원 생활을 하면서 지역산업별 미시적 접근과 중범위 접근을 강조하게 되었어요. 실질적으로 개선하는 데 도움이 되더라고요. 그 안에서 직업교육 훈련이든 지역 내 산업이든 더불어 토론하면서 발전하고요. 제도의 큰 발전은 보이지 않아요. 그 안에서 미세한 수정이 이루어질 뿐이죠. 프랑스 사회연대부 직업훈련국을 방문한 적이 있는데,

박사급 연구원들이 자기 부처명도 장관 이름도 잘 모르더라고요. 하도 자주 바뀌니까요. 다만 이분들은 부처 정책이 어떻게 바뀌는지보다도 자신이 담당한 지역 연구에서 성과물을 냈는가를 중요하게 생각하더라고요. 우리나라 고용·노동 관련 교육정책의 방향 설정에 시사하는 바가 크다고 봅니다.

유럽 국가 중에 독일의 도제 중심 직업교육은 많이 알려져 있습니다.

___ 초등학교 때부터 중·고등학교를 거쳐 직업교육과 대학 선택이 다 연결되어 있죠. 현장 실무 경력과 역량이 굉장히 조화롭게 짜인 체제라고 봅니다. 우리나라는 경제학을 학부에서 전공하지 않으면 경제학 박사를 할 수 없는 구조잖아요. 그런데 독일은 유연해요. 선행학습인증(RPL)이 일반화되어 있기 때문이죠. 그래서 예전 독일 연구소에서는 박사 학위가 없는 사람들이 박사 학위 소지자들을 지도하는 경우가 많았죠. 연구경력이 있으니까요. 요즘은 부작용이 있어서 학위를 강조한다고 하더라고요. 여기서 중요하게 볼 사항은 연구 경력과 역량을 중요하게 여기는 사회 분위기입니다. 선행학습인증이 중요해지는 이유인데요. 이 연구원이 학교에서 어느 학위를 받았는지를 보는 게 아니라 어떤

과목을 들었는지를 미시적으로 본다는 뜻이죠. 자격증이 많거나 프로젝트 경력이 많다면 학위에 버금가게 인정해 주고요. 중·고등학교 과정은 깐깐하게 밟아야 하지만 일정 단계를 넘어서면 굉장히 유연하게 보고 판단해요. 평가 기준이 역량 중심이죠. 대학 입학할 때도 그렇죠. 독일은 지금도 도제 시스템인데요. 선행학습인증이 중요하고요. 유럽의 여러 나라나 미국의 제도와 비교도 하지만, 대학 이름의 문제가 아니라 이런 선행학습인증을 인정하는 사회 분위기가 정착되어 있다는 점, 그리고 이것으로 사회가 작동하고 있다는 점은 우리가 배워야 한다고 봅니다.

국가역량체계와 선행학습인증(RPL)

국가교육체계 특히 직업교육 측면에서는 교수자의 현장 경험과 역량을 중요하게 봐야 한다는 지적이 있는데요.

___ 국가역량체계라고 하죠. 국가교육체계는 유치원부터 박사까지 이미 있어요. 국가역량체계는 여기에 자격과 경험, 그리고 선행학습인증에서 말한 학력 이외의 요소를 결합해 만든 역량체계입니다. 어느 교수 한 사람이 마음대로 만들 수 있는 게 아니

죠. 이 사람이 어떤 현장에서 어떤 프로젝트를 했고, 어떤 경제학 지식은 갖추었는지 등으로 평가하는 것이죠. 그래서 이 프로젝트를 하기 위해 필요한 역량을 갖추었으면 통과이고, 대학원 입학도 어떤 과목이 부족하면 관련 강의 3학점 이수 등으로 조건부 입학을 허가해 줍니다. 그런 국가역량체계가 나라마다 이름은 다르지만 존재합니다.

우리나라도 국가역량체계가 있나요?

＿＿＿ 최근 우리나라도 호주 모델로 국가역량체계를 시도하고 있습니다. 호주는 Skill Access라고 해서 어떤 교육훈련 과정을 마치면, 졸업시험을 교수에게 맡기는 것이 아니라 산업 현장에서 일정 시간 이상 경력을 쌓은 검증 요원이 담당합니다. 마치 국가 검정시험처럼요. 다만, 이건 기존 교육체계와 학위 중심 체제에 대한 큰 변화를 초래하기 때문에 사회적 합의를 이루기가 쉽지 않아요. 구성하는 주체 역시 정부나 관이 나설 수는 없으므로 산업계가 나서야 해요. 레벨로 구분해야 하는데, 학위 레벨이 있다면 역량 레벨을 측정해야겠죠. 우리나라에도 산업별 인적자원개발위원회가 있어요. 제가 고용노동부에서 직능국장을 할 때 공을 들였던 사업입니다. 산업계가 주도하는 교육훈련이 되려면 역량

체계(SQF)가 주가 되어서 여기에 모든 교육과정이 맞춰져야 합니다. 역량체계는 국가직무능력표준(NCS) 등을 바탕으로 산업 분야에 통용되는 역량 평가 인정 범위를 나타낸 지표입니다. 학위와 자격, 직업훈련 이수 결과, 현장 경력 등을 포함하죠. 이 방식으로 교재, 강의 그리고 마지막 평가 단계까지 산업계에서 해야 합니다. 지금의 교사, 교수, 교재를 바꾸지 않고는 요원한 일이죠.

현재 우리나라 대학들의 직업교육훈련 방식에서는 어려워 보이는데요.

___ 지금의 직업훈련은 입구 통제 방식입니다. 누구나 입학을 시키고 졸업도 쉽죠. 일부 대학에서 학점 관리를 한다고 하지만, 학점은 기업이 요구하는 역량과 연관이 없는 경우가 많죠. 학문의 측면에서 박사 학위를 받고 연구를 잘하는 역량으로 본다면 학점이 유효합니다. 하지만 직업교육은 일을 잘하는 사람, 즉 산업계에서 검증하는 과정이 중요해요. 직업교육훈련 이수자 평가라고 합니다. 앞서 말한 호주 모델인데요. 우리나라도 이런 부분을 강화하는 게 중요하다고 봅니다. 입구 통제 방식에서 출구 통제 방식으로 전환해야 한다는 뜻이죠.

유럽 국가들은 청년, 중장년의 재취업을 위해 어떤 지원을 해 주는지 궁금해지네요.

___ 평생교육을 중요시하는 유럽 국가들은 대부분 교육 자체가 무료거나 부담되지 않는 수준이죠. MBA처럼 특수한 경우야 자부담이지만, 직업교육 자체가 무료라는 게 중요합니다. 특히 스웨덴 같은 나라는 실직자 교육훈련이 잘 되어 있어요. 우리나라 직업교육훈련과 가장 큰 차이는 장기훈련이 많다는 점이죠. 직업교육훈련 자체가 무료니까요. 우리나라는 6개월 이상 되는 직업훈련 과정이 거의 없죠. 취약계층이 직업의 세계에서 계층 사다리를 점프하려면 단기교육으로는 쉽지 않습니다. 우리나라와 유럽 국가들의 직업교육훈련 지원체제를 단순 비교하기는 참 어렵다고 봐요. 우리나라도 반값 등록금과 등록금이 동결되면서 교육 현장에는 애로사항이 발생하고 있잖아요. 개인적으로는 제한된 재원으로 일률적으로 반값 등록금을 고집해야 하느냐는 생각도 듭니다. 직업교육과 무관한 전공은 제대로 등록금을 받되, 직업교육에 한해서는 전면 무상으로 제공하고, 일부는 생계비 지원도 해야 한다고 봐요.

무상 직업교육훈련에 생계비까지 지원한다고요? 실현만 된다면 정말 좋을 것 같습니다.

_____ 일반 사회안전망과 직업교육훈련은 링크가 돼야 해요. 직업교육훈련에서는 생계비가 정말 중요하거든요. 우리나라도 장기훈련 지원 프로그램이 있지만 작동이 안 되는 이유가 바로 지금의 사회보장제도로는 장기훈련을 받는 동안 생계를 유지할 수 없다는 거예요. 실직한 사람에 따라서는 지속해서 생계비를 지원할 필요가 있지 않을까요? 우리나라의 직업교육훈련 지원 대상의 범위는 넓어지고 있지만 그 깊이는 얕은 것이 현실입니다. 이런 점에서 일정 요건을 갖춘 사람이 직업교육훈련을 받으려면 생계비를 결합한 모델을 구축하는 게 중요해요. 다만, 교육훈련에 대한 불신이 있으니 당장은 어렵겠죠. 산업계 중심으로 기업에서 요구하는 훈련이 같이 가야 하니까요. 시스템이 제대로 구축되면 양극화 해소에도 도움이 될 것이라고 봅니다.

4차 산업혁명 시대의 일자리

로봇을 활용한 자동화시스템이 직업 전 분야로 확산하고 있습니다. 전문직인 변호사, 의사의 업무에서도 인공지능이 그 영역을 넓혀가고 있죠. 4차 산업혁명, 인공지능(AI), 사물인터넷, 자율주행차…. 장밋빛 미래를 담보하는 것처럼 보이지만 사람들은 로봇이 인간의 일자리를 대체하는 미래를 한편으로 두려워하고 있습니다. 사라지는 직종에 종사하던 사람들을 위한 전직 훈련 대책이 있습니까?

____ 인공지능이나 로봇이 도입되면 특정 분야의 일자리가 감소하기도 하지만 기존의 일자리 중에 수요가 오히려 더 증가하기도 하고 지금까지 없었던 새로운 일자리가 나타나기도 합니다. 다음의 표는 기술혁신으로 일자리가 증가할 수 있는 직업과 일자리가 감소할 수 있는 직업들입니다.

향후 직업을 선택해야 하는 청소년 등은 일자리 전망을 고려하고 자신이 갖춰야 할 역량을 파악해서 필요한 교육, 훈련, 자격과 실무 경험 등을 미리 준비해야 할 것입니다. 가장 문제가 될 수 있는 것은, 기존의 일자리 감소가 예측되는 분야의 재직자인데요. 예를 들어, 기업의 경쟁력을 높이기 위해 생산공장을 스마트팩토리로 전환하면 과거 제조 관련 종사원은 자동화 공정 때문에, 그리고 불량품을 눈과 감각으로 확인하던 품질검사원은 불량품 여부를 정확하고 빠르게 판별하는 '비전'이라는 인공지능 때문에 더는 필요가 없어집니다. 기업에서는 이러한 기술혁신을 도입해 업

4차 산업혁명으로 일자리 증가가 예상되는 직업

직업	관련 기술 및 지식
사물인터넷 개발자	무선통신, 프로그램개발 등
인공지능전문가	인공지능, 딥러닝
빅데이터전문가	빅데이터
가상(증강/혼합)현실전문가	가상(증강)현실
3D프린터전문가	3D 프린팅
드론전문가	드론
생명공학자	생명공학, IT
정보보호전문가	보안
소프트웨어개발자	ICT
로봇공학자	기계공학, 재료공학, 컴퓨터공학, 인공지능 등

출처: 한국고용정보원(2017. 12), 「4차 산업혁명 미래 일자리 전망」

4차 산업혁명으로 일자리 감소가 예상되는 직업

직업	관련 기술 및 지식
콜센터 직원(고객상담원 및 안내원)	인공지능, 빅데이터 분석
생산 및 제조관련 단순종사원	스마트팩토리, '비전'
금융사무원	핀테크, 빅데이터, 인공지능
번역가(통역가)	인공지능, 음성인식

출처: 한국고용정보원(2017. 12), 「4차 산업혁명 미래 일자리 전망」

무수행의 수요가 줄어든 노동자를 배려해야겠죠. 고용 유지를 위한 노사 합의와 직무 전환을 위한 훈련 프로그램의 설계가 필요합니다. 어떤 훈련을 시킬지는 현재 수행하는 직무, 전환 대상의 직무에 따라 달라질 것이고요.

개인 차원에서는 재취업을 위한 교육을 받기 위해 어떤 노력을 기울여야 할까요?

_____ 4차 산업혁명 시대를 맞아 고용시장과 산업구조가 달라지고 있습니다. 오랫동안 몸담아 온 일자리가 없어지기도 하고 새로운 역량에 대한 요구도 높아지고 있어요. 또한 고령화로 수명이 늘어나면서 하나의 일이 아닌 인생 삼모작, 사모작 시대로 변화하고 있습니다. 이런 시대에 개인이 변화에 빠르게 대응하는 역량을 갖추는 일은 무엇보다 중요합니다. 개인 차원에서는 자신의 이전 경력, 강점, 역량 등을 최대한 잘 탐색해서 새로운 적용이 가능한 커리어 경로를 먼저 설계하는 것이 필요합니다. 즉, 같은 업종에서 계속 일할지 혹은 이전에 해온 업종과 직무가 적용될 수 있는 새로운 분야가 어디인지 등을 고려해 커리어를 재설계하는 데 필요한 교육과 훈련을 준비해야 합니다.

혼자 준비하기는 어려울 것 같아요. 도움을 받을 수 있는 곳이 있을까요?

___ 그렇습니다. 개인이 재취업과 재교육을 위한 탐색을 스스로 할 수 있는 역량을 갖추기는 쉽지 않을 수 있으니, 정부의 다양한 지원정책을 활용하는 방법도 도움이 될 수 있습니다. 예를 들어 중년층들이 새로운 고용시장 변화에 대응할 수 있도록 고용노동부에서는 최근 40대 중년층 구직자를 위한 취업역량 강화 프로그램을 개발했어요. 작년부터 '리바운드 40+'라는 정책으로 40대들의 직업 체험과 인턴 기회 등을 제공하고 있습니다. 그 밖에도 다양한 중장년 일자리 정책에서 개인의 재취업을 돕기 위한 다양한 지원들이 마련되어 있으니 적극적으로 찾아서 활용하는 게 중요하겠죠.

미래에 결국 인간은 AI와 공존해야 할 것입니다. 머신러닝, 3D 프린팅, 증강현실 등 기술의 중요성은 알지만 이를 배울 기회가 적습니다. 100세 시대를 앞둔 이 시대의 청년과 중장년들이 이 엄청난 잠재력이 있는 분야에서 어떻게 재교육을 받아서 재취업에 성공하거나 창업에 도전할 수 있을까요?

___ 4차 산업혁명의 진전에 따라 AI, 빅데이터, 가상증강현실

등 많은 분야에서 새로운 일자리가 많이 생겨나고 있습니다. 이와 관련해서 정부에서는 지능정보기술 및 신분야 관련한 교육훈련 프로그램을 개설하고 있는데요. 한국판 뉴딜정책 추진에 따라 지금보다 더 많은 관련 교육훈련 프로그램이 개설될 예정입니다. 따라서 노동시장 진입을 앞둔 청년들의 경우 본인의 전공 또는 전공과 연계해 진출 가능한 직업을 선정하고 관련된 일자리에 진입하기 위한 역량 습득이 필요합니다. 반면에 중장년 등은 두 가지 경우로 나누어볼 수 있는데요. 재직자의 경우 변화하는 직업 세계에 적응하는 노력이 필요합니다. 본인의 직무에서 요구하는 변화 요인을 살펴보고 새로운 기술을 습득해 어떻게 반영할지 고민이 필요합니다. 새로운 변화에 능동적으로 대응할 수 있는 마음가짐이 중요하고, 이·전직을 위한 노력도 필요하며, 교육훈련을 통해 경쟁력을 유지해야 합니다. 시장에서 은퇴한 중장년층은 새로운 시장 진입이라는 과제를 안고 있습니다. 본인이 그간 축적한 경험, 지식, 기술을 토대로 새로운 신기술을 접목해 어떻게 취업 또는 창업에 도전할지 고민해야 하겠죠. 역시 시장 재진입을 위해서는 교육훈련을 통한 역량 강화가 필요합니다. 한편 상대적으로 시장진입 장벽이 높거나 일자리가 많지 않은 경력 단절 여성을 비롯해 중장년층의 입장에서는 더 면밀한 진로 설계가

필요합니다. 일반 기업을 비롯해 사회적 기업, 창업, 창직 등에
눈을 돌릴 필요가 있다고 봐요.

이 역시 도움을 받을 수 있는 곳이 있을까요?

_____ 준비하려면 각종 정보와 조언이 필요합니다. 재교육을 위
한 정보를 제공하는 직업훈련포털(www.hrd.go.kr)과 일자리 및
진로 정보를 제공하는 워크넷(www.work.go.kr)을 살펴보시라 권
하고 싶습니다. 워크넷에서는 일자리 정보 외에 다양한 직업, 창
업·창직 정보를 제공하고 있습니다. 또한 전문상담원과 상담하
며 조언도 얻을 수 있습니다. 이외에도 정부와 공공기관에서 운
영하는 취업창업 및 진로 지원 기관도 이용해 보길 권합니다.

IT 플랫폼의 발전과 더불어 코로나19는 노동시장에 큰 변화를
가져왔다. 그중 하나로 부상하고 있는 것이 바로 '긱 이코노미(비
정규직 경제)'이다. 산업현장에서 필요에 따라 인력을 구해 임시로
계약을 맺고 일하는 형태의 임시직 경제를 뜻하는 긱 이코노미가
극대화될 것이라는 예측도 있다. 긱 이코노미는 결국 독립형 노동
자로 볼 수 있는데, '스스로 정한 조건'으로 일하기 때문에 자발적
선택이 많다는 분석이다. 우리나라의 경우는 택배 노동자, 대리운

전 등에서 긱 이코노미 노동자를 주로 발견할 수 있다.

긱 이코노미, 공유경제 그리고 경력 단절 여성

한국의 긱 이코노미 시장 상황은 어떻습니까? 장점과 더불어 부
작용도 설명해 주신다면요?

    우리나라에서 모바일의 앱을 통해서 일거리를 얻는 노동
자 군에는 택배 노동자, 음식배달 라이더, 대리운전기사, 가사도
우미 등이 있습니다. 최근 한국고용정보원의 연구에 따르면 이러
한 사람들의 규모는 약 50만 명 내외로 추정되고 있으며 모바일
사용이 증가하면서 규모가 더 커질 것으로 예상합니다. 코로나
때문에 사회적 거리 두기가 장기화하면서 바깥에서 지내기보다
는 집에 있는 시간이 많아져서 택배 기사와 음식배달 라이더 등
의 업무량은 폭증했지만, 고객과 대면 접촉을 해야 하는 대리운
전기사는 어려운 시기를 보내고 있습니다. 플랫폼을 통해 노동을
제공하는 노동자는 본인이 일하고 싶을 때, 앱을 통한 일자리 제
안을 수락할 수 있다는 장점이 있습니다. 기업으로서는 적절한
노동자를 찾고 고용하는 데 따르는 비용을 최소화하며 필요할 때

만 노동자를 사용할 수 있다는 장점이 있죠. 하지만 플랫폼 노동자 측면에서 보면 실제로 기업을 위해 일하지만, 비전형적인 노동자이기에 근로계약이 맺어져 있지 않아 근로조건 개선을 요구할 수 있는 노동권이 보장되지 않을 수 있다는 단점이 있습니다.

우버, 에어비앤비 등 대표적인 공유경제 주자들 역시 코로나19로 타격을 받았습니다. 팬데믹 이후 공유경제 지형은 어떻게 예측하시나요?

── 재화를 독점하지 않고 여럿이 공유해 자원 활용을 극대화한다는 공유경제의 가치는 변하지 않을 것으로 봅니다. 다만 공유경제의 대표 주자로 인식된 우버와 에어비앤비는 코로나19 팬데믹으로 수요가 줄었지만, 이는 공유경제의 문제라기보다는 직접 대면이 필수인 운수업과 숙박업종의 직업 특성 탓에 코로나19에 취약했다고 보입니다. 백신 접종률이 높아지면서 소비자들의 이동 수요가 늘어날 것이고 다시 공유경제는 활성화될 것으로 예상합니다.

이번에는 고용 안정 관련해서 질문드리고 싶어요. 대학을 졸업하고 평생직장을 다니는 시대는 지나간 것 같습니다. 안정적인 직업이란 존재할까 하는 의문도 듭니다. 결국 코로나19 이후 고용 시장은 더욱 공고해진 정규직과 대다수의 비정규직 구도로 남을 까요?

____ 미래 세대의 직장에 대한 인식도 그동안 평생직장 개념에 서 평생직업으로 패러다임이 변해 가고 있어요. 코로나19로 인해 가장 타격이 심했던 업종이 대면 서비스를 주로 하는 자영업이나 소상공인 중심의 음식·숙박업, 관광·운송업, 여행·항공·호텔, 예술·공연·스포츠 업종이었고, 개인 특성별로는 임시·일용직과 저임금·저소득 등 주로 취약계층이었죠. 따라서 코로나19 이후 노동시장은 정규직/비정규직, 대기업/중소기업, 고임금/저임금 등 양극화가 더욱 심화하고, 카카오, 네이버, 게임·온라인쇼핑과 같은 비대면 업종 중심으로 언택트 산업의 활성화가 가속될 것으 로 예상합니다.

안정적인 직업보다는 전문성을 살리는 직업으로 전환되겠군요.

____ 그렇습니다. 특히 구직자들이 대학을 졸업하고 안정적인 직장을 찾던 시대는 지나가고 자신만의 특성과 전문성을 살려 일 할 수 있는 평생직업을 찾는 시대로 이동할 거예요. 지난해 고용 유지지원금을 비롯한 각종 정부지원금 자료를 분석해 보면 사회

적 거리 두기 여파로 서비스업을 중심으로 상대적으로 안정적이었던 노동자들이 직장을 많이 잃었습니다. 예를 들어, 그동안 청년층의 선망 대상이 되었던 항공기 승무원 등 항공 관련 직업의 경우 탄탄한 정규직임에도 불구하고 코로나19 팬데믹 이후 장기간 관광여행산업이 위축되어 택배 노동자·대리운전기사 등으로 일하거나 이·전직하는 사례가 늘어나고 있는 것처럼요.

경력 단절 여성 문제도 있습니다. 출산과 육아로 직장을 쉬면 마음 편히 복직할 수 있는 직장이 공무원과 대기업 등을 제외하면 현실적으로 거의 없어요.

_____ 2020년 통계에 따르면 가임여성 1명당 출산율은 0.837명입니다. 인구구조의 급격한 변화에 대응하는 새로운 노력이 필요하죠. 무엇보다 시간과 공간의 제약을 덜 받는 유연한 근무 형태를 확산하여 누구나 쉽게 노동시장에 참여하고 경력 단절이 최소화되는 환경을 만들어야 한다고 봅니다. 아울러 출산과 육아를 위해 잠시 직장을 떠나 있던 여성들이 다시 일터로 복귀할 수 있도록 정부와 기업이 함께 노력해야 합니다. 특히 기업들이 경력 단절 후 복귀가 주저 없이 이루어질 수 있도록 어떻게 대처할지 고민이 필요한 시점이라고 봐요. 워라밸을 유지할 수 있고 육아

와 출산 후 경력 단절 여성이 많이 복귀하는 회사를 발굴해 널리 알리고 혜택을 주는 방법도 있겠죠. 또한 직장을 다니면서 믿고 맡길 수 있는 보육시설과 교사를 지금보다 더 확충하는 노력도 필요해 보입니다.

미래 직업에서 갖춰야 할 핵심 역량

우리나라는 정부 주도로 대기업을 육성해 왔습니다. 일부 대기업을 제외하고는 중소·중견기업의 연봉과 복지는 매우 열악합니다. 청년 세대가 어렵게 중소기업에 취업하고 1년도 안 되어 퇴사하는 이유로는 연봉, 복지 문제와 더불어 세대 차이를 느끼게 하는 기업문화도 있습니다.

___ 우리나라의 중소·중견 기업의 근로조건은 대기업보다 아직도 매우 열악한 상황입니다. 대기업 대비 중소기업(상용직) 임금은 63.3% 수준(2020년 기준)에 불과해요. 일본의 경우는 대기업 대비 중소기업의 임금 수준이 첫 일자리의 경우 89%(2018년 기준)에 달합니다. 이러다 보니 당연히 우리나라에서는 중소기업에 대한 선호가 낮을 수밖에 없습니다. 그런데 흥미로운 사실은

청년들을 대상으로 조사해 보면 중소기업에 대한 취업 의향을 가진 청년들의 비율은 상당히 높다는 것입니다. 한국고용정보원에서 2019년에 조사한 청년 사회생활 실태조사에 따르면, 중소기업 취업 의향에 대해 대학생은 72.0%, 구직 청년은 66.5%가 중소기업에 취업할 의향이 있는 것으로 나타났습니다.

중소기업 취업 의향은 있지만 실상은 그렇지 못해요.

___ 그런데 같은 조사에서 중소기업에 취업 의향이 없는 이유로 대학생들은 급여 수준이 낮을 것 같아서(56.4%), 고용불안정성이 높을 것 같아서(43.6%), 복리후생이 좋지 않을 것 같아서(35.7%) 등으로 응답했고, 청년 구직자들의 경우는 고용불안정성이 높아서(54.4%), 복리후생이 좋지 않을 것 같아서(46.8%), 급여 수준이 낮을 것 같아서(42.4%) 등으로 응답했습니다. 즉 이러한 조사 결과는 청년들의 중소기업 취업 의향은 높지만 급여, 복리후생, 고용불안정성 등에 대한 우려가 중소기업 취업을 방해하는 요소임을 확인할 수 있습니다. 물론 여기에 기업문화도 포함되겠지요. 이러다 보니 어렵게 취업해도 전체 청년 취업자의 50.2%(청년패널조사 분석자료, 2020년)는 1년 이내에 퇴사하고 있는 실정입니다.

중소기업의 열악한 노동조건 개선을 위한 묘안이 있을까요?

_____ 현재 중소기업의 열악한 조건을 단기간에 획기적으로 개선하는 일은 현실적으로 어렵다는 점을 인정해야 합니다. 다만 상대적으로 열악한 중소기업의 근로조건을 개선하기 위한 다양한 지원정책이 운용되고 있습니다. 예를 들면, 중소기업에 입사한 청년들의 목돈 마련을 위한 청년내일채움공제 제도라든지 출퇴근 교통비 지원, 중소기업 근로환경 및 여건 개선을 위한 다양한 정부 지원 사업들이 있죠. 하지만 모든 중소기업이 열악한 상황은 아닙니다. 중소기업 중에도 청년들이 일하기에 괜찮은 기업이 많이 있어요. '청년친화강소기업'이라든지 '월드클래스300기업' 등은 대기업 못지않은 임금과 근무조건을 가진 중소기업입니다. 청년들의 눈높이에 맞는 적정한 일자리 발굴이 필요한 상황에서 중소기업의 고용안정성 강화와 복리후생 증진을 위한 정책 지원과 함께 괜찮은 일자리를 가진 중소기업 정보를 청년들에게 적극적으로 제공해 중소기업으로도 눈길을 돌릴 수 있게 해야죠.

새롭고 질 좋은 일자리를 제공하는 중소기업을 육성하는 방법은 어떨까요?

_____ 좋은 제안입니다. 코로나19는 우리 사회에 많은 고통을

안겨 주고 있지만, 역설적이게도 산업이나 직업의 관점에서 본다면 새로운 일자리를 창출하는 기회와 공간을 제공하고 있기도 하죠. IT를 활용한 다양한 비대면 서비스 산업, 아이디어와 전문성을 기반으로 한 1인 기업이나 창업 등 다양한 직업적 도전 기회들이 있습니다. 물론 개인이 이러한 도전을 할 때는 감당해야 할 위험요인이 많죠. 결국 이러한 위험요인을 적극적으로 제거하거나 줄일 수 있는 정책들을 정부가 과감히 도입해야 합니다. 이를 통해 질 좋은 일자리를 가진 새로운 중소기업을 적극적으로 육성하고 지원해야 하고요. 정리하면, 중소기업의 열악한 근무환경을 개선하기 위한 다양한 정책적 지원을 지속하는 동시에 청년들이 직접 도전해 새로운 질 좋은 일자리를 만들어 낼 수 있도록 적극적으로 지원해야 한다는 말이죠. 이렇게 새롭게 만들어지는 (중소)기업들은 수평적이고 원활한 의사소통이 이루어지는 기업문화를 키우고, 동시에 거기에서 일하는 청년들에게는 자신의 발전 가능성을 시험해 볼 수 있는 좋은 기회가 될 것입니다.

코로나19 이후 일터에서 사람들이 생각하는 핵심 역량도 변화하고 있습니다. 디지털에 대한 숙련도, 유연한 사고, 데이터 활용 등이 중요한데요. 향후 재취업·직업교육훈련 분야는 어떤 교육을 강조해야 할까요?

___ 직업 현장에서 4차 산업혁명 또는 디지털 대전환에 따른 기술 활용이 활발해지고 인력 수요도 공공과 민간 영역 모두에서 급격히 증가하면서 인공지능, 빅데이터, 사물인터넷 등과 관련 직업훈련과정이 양적·질적으로 확대·강화되고 있습니다. 분야에 따라 경중의 차이가 있지만 정보통신, 제조, 의료, 문화예술 등 거의 모든 분야에서 사무용 SW 활용, 기술 이해와 같은 디지털 문해력(Digital Literacy)을 비롯한 산업특화 애플리케이션 활용, 데이터 분석 등의 기술기반역량(Tech Baseline Skills)이 필수 역량이 되고 있습니다.

인공지능, 빅데이터 등을 다룰 수 있는 스킬도 중요할 것 같아요.

___ 그렇습니다. 특히 인공지능, 데이터사이언스, 인간-컴퓨터 인터페이스(HCI) 등 기술혁신역량(Tech Disruptive Skills)을 갖춘 인재의 몸값은 천정부지로 치솟고 있습니다. 이상의 기술 역량 외에 소프트 역량에 대한 교육도 필요하다고 봅니다. 기술과 지식이 고도화, 융·복합화되고 그 결과로 나타나는 현상이 매우 복잡해지면서 분석적·비판적 사고, 복합문제 해결력, 자기주도적 학습 역량 등이 더욱 중요해지고 있는데, 이러한 역량이 '일머리'

가 있는 인재를 만들기 때문입니다. 마지막으로 말씀드리면, 기술 역량과 소프트 역량을 탄탄히 뒷받침할 수 있는 '건전한 직업관과 근로관'에 대한 교육도 매우 중요합니다. 결국은 사람의 마음가짐이 인재의 크기, 즉 노동자의 역량을 결정하기 때문이죠.

미래 사회에서는 사라지는 직업도 있고 새롭게 생겨나는 직업도 있을 겁니다. 정확하게 예측하기는 어렵겠지요. 다만 미래 직업에서 우리가 갖춰야 할 핵심 역량은 무엇인지 알고 준비해야 할 것 같습니다.

_____ '데이터'와 '협업'입니다. 창의성과 통찰력을 말하는 분들도 있지만, 그런 역량은 저절로 갖춰지는 것이 아니라 협업을 통해 생겨난다고 봐요. 데이터의 중요성은 아무리 강조해도 지나치지 않습니다. 데이터 안에서 의미를 찾아내는 능력이 창의와 통찰이라고 생각해요. 좋은 컴퓨터를 사용해서 AI가 만들어지는 게 아니죠. 작은 데이터라도 그 안에서 의미를 찾아내고, 통찰력을 발휘해 삶의 질을 높일 수 있어야 합니다. 그래서 서비스를 고도화하는 식견, 바로 데이터에서 통찰을 이끌어 내는 능력이 중요합니다.

미래의 리더는 데이터에서 의미를 읽어 내고 협업으로 삶의 질을 높일 수 있다는 말씀이시네요.

___ 그렇습니다. 이렇게 하려면 여러 영역의 협업이 필수적입니다. 컴퓨터사이언스를 한 사람들은 큰 데이터를 다루고, 거기서 의미를 추출하는 작업은 통계전공자의 영역일 수 있죠. 수학 알고리즘을 하는 사람도 필요하겠네요. 그보다 더 중요한 일은 이런 데이터로 어떤 서비스를 하면 좋을지 목표가 명확해야 한다는 겁니다. 고용이든 금융이든 부동산이든 그 분야 지식을 가진 이들이 모여 협업해야 하죠. 협동해야만 가능한 일이고 거기서 통찰이 생길 수 있으므로 이 협업을 끌어내는 사람이 미래의 리더가 될 거예요. 그 세계를 관통하면서 조율하고 스스로 통찰을 지니는 것이죠. 이제는 한 분야 전공자가 어떤 프로젝트를 이끌기는 어려운 시대입니다. 한국기술교육대학의 온라인평생교육원에 프로그램 1,200개와 빅데이터 과정 35개가 있습니다. 국민이 무료로 들을 수 있는데요. 이런 강좌를 필수교육으로 해서 전 국민의 교양 수준 레벨부터 중·고등학생이 갖춰야 할 지식 레벨까지 지식정보화 사회를 즐길 수 있는 역량을 키워 가야죠.

5장

학교교육사회에서
평생학습사회로 전환하는 패러다임
(평생교육)

강대중
국가평생교육진흥원장

강원도 원주 출생. 서울대 사범대학과 대학원에서 교육학을 전공하고, 미국 조지아대에서 박사 학위를 받았다. 〈문화일보〉 기자, 교육인적자원부 장관 정책보좌관, 국가평생교육진흥원 선임전문원으로 일했다. 한국평생교육학회 부회장, 교육부 제3기 정책자문위원회 평생직업교육혁신분과위원장, 대통령직속 국가교육회의 미래교육전문위원회 전문위원을 역임했다. 한국학부모학회 회장, 한국교육학회 부회장, 유네스코한국위원회 교육분과위원장을 맡고 있다. 현재 서울대 교육학과 교수이자 국가평생교육진흥원장이다. 저서로는 『Powering a Learning Society During an Age of Disruption』(공저, 2021), 『코로나19, 한국 교육의 잠을 깨우다』(공저, 2020), 『평생교육론』(공저, 2019), 『미래교육, 교사가 디자인하다』(공저, 2016), 『Life and Learning of Korean Artists and Craftsmen: Rhizoactivity』(단독, 2015) 등이 있고, 「학습하는 부모: 평생학습시대의 학부모 담론 재구성」(2020), 「학습자세, 학습관리장치, 맥락지식-평생학습이론 구축을 위한 중심 개념 탐색」(공저, 2017) 등 다수의 논문을 발표했다.

코로나19 장기화로 비대면 온라인 소통과 디지털 사회 전환이 가속화하고, 고령화 속도도 높아지면서 평생학습에 대한 관심이 커지고 있다. 평생학습을 체계적으로 지원하는 평생교육을 더 활성화해야 한다는 사회적 요구도 높아지고 있다. 대학부설 평생교육원, 지자체 평생학습관, 민간 평생교육시설, 온라인 플랫폼 등에서 다양한 프로그램이 제공되고 있다. 평생교육을 지향한다지만 내용은 조금씩 다르다. 모두 평생교육이라는데 그 범위는 좀 모호하다.

결핍을 충족하는 평생교육 프로그램

지자체가 시행하는 평생교육에는 꽃꽂이 같은 취미 위주 과목이 많습니다. 과연 이게 평생교육 범주에 들어가는지요?

___ 우리 사회에서 지자체를 중심으로 한 평생교육 프로그램들이 취미나 교양 중심으로 확장된 것에 대한 지적이신데요. 제 개인적인 진단으로 말씀드리면 바로 우리 학교 교육이 굉장히 결핍되어 있었기 때문이라고 봐요. 저 개인만 해도 학교 교육을 잘 받은 사람이지만 악기 하나 제대로 다루는 방법을 배운 적이 없어요. 미술을 배우긴 했지만 삶을 표현하는 미술을 해 본 적이 없습니다. 우리나라에서 학교 정규 과정 안에서 교육받은 사람들은 대부분 그럴 거예요.

맞는 말씀입니다. 그런데 그것이 결핍과는 무슨 연관이 있는지요?

___ 한국인의 삶에서 가장 결핍된 것을 저는 자기표현이라고 봐요. 우리나라에 노래방이 참 많아요. 이렇게 많은 나라가 또 있을까요? 우리가 가무를 즐기는 민족이라서 그렇다고 할 수도 있지만, 노래방이 우리의 결핍을 채우는 곳이기 때문이라고 생각해요. 급속한 산업화와 산업구조에 적합한 인력을 배출하기 위한

학교, 그리고 사람을 선별해 내는 평가까지…. 지배 엘리트로 선별되든 육체 노동자로 선별되든 자기표현의 결핍이 존재합니다. 그러니 여유가 생기면 자기표현을 할 길을 찾는 것이고요.

노래방은 결국 자기표현을 하면서 결핍을 충족하는 곳이라는 말씀이시군요.

____ 노래방에 가서 노래라도 불러야 하죠. 지자체 평생교육 프로그램 대다수가 취미와 교양 강좌인데 수강료가 매우 낮습니다. 시간 있는 분들이 돈이 없어도 오실 수 있도록 말이죠. 거기서 자기표현을 배워요. 만족도요? 엄청 높아요. 정말 행복해하세요. 직접선거를 하는 지자체장 입장에서 보면 얼마나 표를 모으기 좋은 프로그램인가요? 주민들 만족도가 높은 프로그램인 데다가 돈도 많이 안 들거든요. 결핍된 거예요. 누군가는 평생교육을 꽃꽂이나 하는 것이라고 말하는데 그렇게 말하면 정말 안 돼요. 한국인에게 가장 결핍된 것이 자기표현이고, 평생교육이 그 결핍을 지금 채우고 있습니다. 꽃꽂이는 그것이 드러난 일부 현상일 뿐이지요.

다른 나라들은 어떤가요?

＿＿＿ 어떤 나라에서는 사람들이 동네 어귀나 강 둔치에 모여 춤을 추기도 하죠. 평일 저녁에 다 같이 모여 노래를 틀어 놓고 춤추며 놀아요. 이른바 선진국이라고 하는 나라의 학교를 가 보면, 우리나라처럼 공부도 엄청나게 시키지만 예체능 교육도 굉장히 많이 해요. 일본을 예로 들어 볼게요. 일본은 여전히 입시 문제가 큽니다. 대학도 서열화되어 있고 사설 학원들도 많아요. 그런데 일본 고등학교에서는 학생들에게 예체능 교육을 엄청나게 하고, 클럽 활동도 장려하고 있습니다. 주로 체육, 음악, 미술 활동을 하죠. 그런데 우리나라 학교에서 체육 시간에 줄넘기한다고 해서 부모들이 아이들을 줄넘기 학원에 보낸 일도 기사화가 되었어요.

체육 활동조차도 시험으로 인식한다는 말씀이시죠.

＿＿＿ 우리 학교에서는 이런 자기표현 활동이 없잖아요. 입시에 연결되지 않으면 관심이 없으니까요. 그래서 우리 삶에서 문화적으로 결핍된 부분이 평생교육 장이 열리면서 드디어 채울 수 있게 된 거예요. 그런데 꽃꽂이밖에 안 한다고 비난하는 사람들은 과연 한국인을 이해하고 말하는 걸까요? 평생교육에서 직업교육

을 해야 한다고 주장하는 사람도 있어요. 당연히 직업교육은 필요하죠. 학교에서 열심히 가르쳐도 사회 변화 속도가 빠르니까요. 평생교육 차원에서 직업역량의 유지, 향상, 전환이 필요합니다. 그런데 직업교육은 국가가 책임지면서 취미교육은 개인이 알아서 해라? 이것도 어폐 아닌가요? 지자체에서 취미교육하는 걸비난해야 할까요? 전 아니라고 봅니다. 평생교육이 개인의 삶을풍요롭게 하는 것, 삶을 길러내는 것이라면, 먹고 사는 것도 중요하지만 생각하고 표현하는 것도 당연히 중요하지 않나 되묻고 싶습니다. 성인기 직업교육도 지금보다 확대하는 것이 절대적으로필요하지만 취미·여가활용 교육을 비난하는 것은 아니라고 생각합니다. 평생교육 관점에서 둘 다 바라볼 필요가 있습니다.

평생교육의 개념과 역사

평생교육이라고 많이 이야기하는데, 정확한 개념이 뭔가요?

_____ 평생교육 개념에 관해서만 이야기해도 책 한 권 분량이나올걸요? 평생교육 개념을 이념적으로 생각해 보면, 동양에서는 부처님 때부터 이미 존재했어요. 부처님께서 인생을 사는 목

적이 성불하는 것이라고 하셨으니 모두 부처가 되어야 하는 거잖아요? 그러려면 어릴 때 한 공부만으로는 안 되고 평생 공부해야 합니다. 득도한다거나 삶에서 깨달음을 실천하는 그런 공부는 평생 해야 한다는 것이 부처님의 가르침이었으니까요.

그런 전통으로는 유학도 있습니다.

____ 물론입니다. 고려 시대에 받아들인 유학도 우리나라 평생교육의 전통으로 꼽을 수 있죠. 공자님도 공부를 때때로 해야 한다고, 그러니까 공부는 계속해야 하는 것이라고 하셨잖아요. 삶과 공부는 분리할 필요가 없다는 말이죠. 사상적이나 이념적으로만 생각해 보면, 동아시아 전통에서 굳이 공자님, 부처님 이야기를 하지 않더라도 누구나 다 그렇게 살았어요.

하지만 서양은 달라요.

____ 근대에 이르면서 서양에서는 학교 제도가 우리보다 먼저 발전했죠. 근대국가가 성립하면서 공교육 제도가 발전했고, 성인 교육에 대한 실천과 국가의 관심도 우리보다 빨랐습니다. 조선 말기에 이르러 근대식 학교와 교육제도가 생겨났지만 일본의 식민지가 되면서 자생적인 교육제도를 갖추려는 시도는 무산됩니

다. 일본 식민 정부는 한국인을 황국신민화, 즉 일본 황제의 백성으로 만드는 교육을 했습니다. 그들이 이야기하는 선의로 보면 근대문명 보급이죠. 이른바 근대에 알맞은 사고방식을 한국인에게 가르친다는 뜻입니다. 예를 들어, 조선말에 서울에도 개별 가정에 상하수도가 없었잖아요? 당시 대소변을 처리하는 것이 근대보건의 관점에서 보면 기절할 일이죠. 이런 것을 개선하려는 교육을 했어요. 이른바 계몽이 필요했고, 아이든 어른이든 서둘러 계몽시켜야 했어요. 그래야 일본으로서는 식민지 경영에 유리했으니까요. 일제 강점기에 성인을 대상으로 한 교육이 있었지만, 편하게 지배하기 위한 목적이었죠. 우리는 우리대로 민족운동의 한 흐름을 만든 학교 설립 운동과 야학의 전통이 있습니다. 개화기부터 있었고 해방 이후에는 '문맹 퇴치'를 기치로 내걸었죠.

실제로 평생교육이라는 단어와 개념이 한국 사회에서는 언제 들어왔나요?

___ 한국에 평생교육이 들어온 시기는 정책적으로만 생각하면 1970년대입니다. 유네스코에서 1960년대 후반부터 1970년대 초반에 서구 사회가 가지고 있던 교육의 여러 문제를 지적했어요. 특히 학교 체제만으로 사회의 불평등 문제에 대응하는 데 문

제가 있다는 인식이 생겼습니다. 탈학교사회 담론도 출현했고요. 서구 사회가 정보화 사회로 진행하던 시기였는데 이른바 탈산업 사회, 즉 서비스 중심으로 산업구조도 바뀌기 시작했습니다. 이 무렵 유네스코는 1972년 에드가 포레가 위원장이 되어 〈존재하기 위한 학습〉이라는 보고서를 냅니다. 평생교육을 세계적으로 널리 알린 보고서입니다. 이 보고서를 통해 한국에 평생교육 개념이 들어왔습니다.

학교가 평등을 실현하는 곳이 아니라는 비판이 제기되었다는 말씀이군요.

_____ 근대화 과정에서 생긴 학교가 평등을 실현하는 도구라고 생각했는데, 아닐 수도 있다는 의문이 제기되었습니다. 이른바 신마르크스주의자로 불리던 경제학자들이 학교 교육체제를 연구한 결과 겉으로는 학교가 평등을 실현하는 것처럼 보이는데 실상은 불평등한 사회 구조를 재생산하고 있었다는 말이죠. 그래서 학교교육으로 평등이 실현되겠느냐는 비판을 한 겁니다.

1970년대 우리 사회에서도 그런 논의가 있었나요?

_____ 1970년대는 학교 교육이 확대하는 때였기 때문에 우리 사

회에서 탈학교론은 1980년대에 본격 소개됩니다. 1970년대에는 유네스코의 평생교육 논의가 소개되었어요. 교육이 학교 안에만 있는 것이 아니라 한 개인의 평생에 걸쳐 있고, 변화하는 시대에 대비하려면 평생교육이 필요하다는 인식이 생겼습니다. 유네스코의 정책보고서들이 한국유네스코위원회를 통해 보급되었어요. 영어로 라이프롱 에듀케이션(lifelong education)인데, 한국어로 평생교육으로 번역한 것이죠. 같은 외래어인데 일본에서는 생애교육으로, 중국에서는 종신교육으로 번역했습니다.

1980년대에는 어떤 변화가 있었나요?

___   1980년 제5공화국 헌법을 만들 때 평생교육이 포함됩니다. 평생교육 연구자들이 헌법 조문 작성에 참여하면서 평생교육이 헌법에 들어가야 한다고 주장했죠. 그래서 현재 헌법 제31조 5항에 '국가는 평생교육을 진흥하여야 한다'라는 조항이 생겼습니다.

헌법에 평생교육에 대한 언급이 있다는 건 금시초문입니다.

___   우리나라는 성문헌법이 있는 나라입니다. 그 헌법에 평생교육 진흥을 국가의 책무로 규정한 거예요. 헌법에 평생교육을

국가의 책무로 규정한 나라가 또 있을까요? 한편에서는 평생교육이 무엇이고 학교 교육과의 관계는 무엇인가 하는 논쟁도 있었어요. 교육이라고 하면 학교에서 이루어지는 것이라고 대부분 생각하니까요. 국가 재정이 투입되는 상황도 평생교육은 학교 교육에 비해서 매우 적습니다. 그러니 헌법에 포함은 되었지만 오랫동안 별다른 존재감이 없었어요.

하지만 코로나19로 평생교육이 더욱 주목받고 있는 것 같습니다.

＿＿＿ 코로나19가 평생교육을 다시 생각해 보는 계기가 되었습니다. 코로나19로 인류가 이제껏 살아오던 방식이 달라지기 시작했어요. 온라인 비대면 소통, 재택근무, 재택수업이 이른바 뉴 노멀이 되었죠. 교육 분야의 패러다임을 바꾸자고 평생교육을 제기한 것이 〈포레 보고서〉입니다. 1996년 후속 보고서로 '들로어 보고서'라고도 하는 〈학습, 감춰진 보물〉이 나왔습니다. 2021년 11월에 〈교육의 미래를 위한 새로운 사회계약〉이라는 새 보고서가 나왔어요. 지난 50년 동안 일관된 논의 흐름은 '교육은 학교에서만 하는 것이 아니다'와 '사회 전역에서 일어나는 배움의 삶을 어떻게 지원할 것인가'로 수렴됩니다. 코로나19로 학교 문이 닫히면서 이 생각이 다시 주목받고 있다고 봅니다.

학습 패러다임을 학교 중심에서 사회 전역으로 확장하는 것이 군요.

_____ 학교 중심 교육에서 학습사회의 평생교육으로 패러다임과 사고체계를 바꾸고 그에 맞춰 정책을 펼쳐야 합니다. 이런 개념이 만들어지고 실천적인 슬로건이 나온 지 50년인데 문제는 잘 변하지 않는다는 것이에요. 우리나라만 해도 아직 평생교육, 평생학습 중심의 교육 전환을 여전히 낯설게 생각하는 분들이 많죠. 변화가 필요하다는 데 공감하는 사람은 있었지만 실제 충분한 변화를 만들어 내지 못한 채 50년을 지내 왔습니다.

서구 국가들은 어떻게 하고 있습니까?

_____ 서구 국가들은 기술 발전을 주도하고, 사회 변화의 흐름도 점점 빨라지는 것 같아요. 사회 전환을 위해 나라마다 경쟁하는 상황이라고 봐요. 역사적으로 프랑스, 독일, 영국 등 유럽국가에서 시민혁명과 산업혁명을 하면서 학교 제도를 만들었죠. 특정 연령대의 모든 사람이 다녀야 하고 자격증 있는 교사가 가르치도록 했죠. 국가가 지역과 구역마다 교육청을 두고 학교를 관리합니다. 미국, 일본 그리고 우리나라에도 도입되었죠. 유럽에서 성립한 학교 체제가 세계적으로 퍼졌습니다. 평생교육 중심의 학습

사회 패러다임으로 전환한다면 어떤 관리 체제가 생길까요? 과거에는 대학까지 나오면 다 배웠다는 인식이 있었는데, 지금은 대학 졸업하고 몇 년 못 가서 지식의 갱신이 필요합니다. 학교 교육 이후의 배움을 사회와 국가가 어떤 식으로 지원하고 책임져야 하는지, 나라별로 여러 아이디어가 나오고 경쟁하고 있어요. 우리도 지금 국가적으로 노력할 때이고요. 이번에도 뒤처지면 또 유럽이 앞서갈 가능성이 크죠. 유럽이 고등교육제도는 물론 근대 초·중등학교제도도 가장 먼저 만든 저력을 가지고 있으니까요.

우리나라도 발등에 불이 떨어진 상황이네요.

＿＿ 우리도 변화해야 한다는 주장은 진작 제기됐고, 1990년 대에 5·31 교육개혁 때 '평생학습사회'를 슬로건으로 내세우기도 했어요. 그때 평생교육 관련 제도가 일부 도입되었죠. 당시에 교육기본법이 아니라 평생학습법을 기본으로 해야 한다는 논의도 있었어요. 미래 사회의 교육을 대비한 것이었죠. 하지만 결국 받아들여지지 않아서 평생교육법은 교육기본법의 하위법령이 되었어요. 사회 변화가 가속화하면서 학교 중심 체제로만은 안 되고, 평생교육으로 전환해야 한다는 논의가 계속되었습니다. 코로나 19가 오기 전에도 그랬어요. 4차 산업혁명 시대를 맞아 교육이

어떻게 변해야 하는가를 두고 이야기들이 많았지만 한 가지 확실한 키워드는 평생학습이었습니다.

학교 환경을 바꾸자, 소프트웨어를 바꾸자 이런 지엽적인 변화가 아니라요.

＿＿ 그렇습니다. 학령인구 감소, 대학 구조조정 이야기가 나온 지도 벌써 20년이 넘었어요. 그때 논의된 이야기 중에 대학을 어떻게 바꿀 것인가라는 질문에 상당수 대학은 평생교육기관으로 변해야 한다는 주장이 이미 제기되었어요. 학령기 대학생만을 대상으로 하는 교육기관의 역할을 벗어나서, 성인 대상으로 평생 다닐 수 있는 대학으로 전환해야 한다는 주장이었죠. 이미 故 노무현 대통령 시절에 나온 이야기입니다.

코로나19 사태가 그 상황을 재소환했습니다.

＿＿ 코로나19가 터지면서 학교가 다 문을 닫았어요. 학교 밖에서 하는 게 평생교육이라고 했는데, 학교가 없어도 배우고 가르치는 일이 계속되는 거예요. 심지어 학교 밖에서 하니 더 좋다고 하는 학생들도 있었고요. 물론 그 과정에서 취약계층이 피해를 입었죠. 학교 문을 닫으면 확실히 피해가 큽니다. 반면에 학교

가 문을 닫으니 훨씬 더 효율적으로 공부할 수 있다며 만족하는 사람들도 많았어요. 온라인으로 해도 좋겠다는 말이죠.

학교가 문을 닫았는데, 왜 만족도가 높아지나요?

_____ 일단 온라인으로 하니 원하는 공부를 자신이 편한 시간에 할 수 있다는 장점이 있죠. 학교 수업은 같은 시간에 한 군데 모여서 했는데, 그게 사실 효율적이지 않았다는 사실을 알게 된 거예요. 물론 학교는 여러 기능을 수행합니다. 단지 지식의 전달이라는 기능만으로 국한한다면, 학교가 과연 그렇게 효과적이었던 곳인가 의문이 제기되었죠. 기술 발전을 활용하면 온라인을 활용하는 것도 꽤 괜찮다는 사실을 알게 되고요. 게다가 훌륭한 지식을 학교보다 더 잘 전달해 주는 매체들도 많다는 사실도 드러났습니다.

그래서 학교를 없애라?

_____ 그렇게 극단적으로 말할 것은 아니죠. 학교는 다양한 기능을 수행하고 있고, 문을 꼭 열고 수행해야 하는 일도 있습니다. 급식이 그런 예라고 볼 수 있죠. 다만, 지식전달 기능만 놓고 보자면 코로나19로 다양한 방식의 교수학습방법이 비대면으로도

가능하다는 사실을 확인했습니다. 포스트 코로나 시대를 어떻게 대비해야 할까요? 이런 질문을 던질수록 평생교육 시대, 평생학습사회로 나가야 하지 않을까요? 학교가 아니라 어디서나 배울 수 있게 되어야 하고, 학교도 배우는 곳 중 하나일 뿐 유일한 곳이어야 할 필요는 없습니다. 이것을 자각하는 사람들이 코로나19로 엄청나게 늘어났다고 보고요. 여기에는 고령화 시대를 대비하자는 의도도 있습니다.

고령화사회와 실버 세대

한국은 세계에서 고령화 속도가 가장 빠른 나라 중 하나로 꼽힙니다.

___ UN은 65세 이상 인구 비중이 14% 이상이면 고령사회, 20% 이상이면 초고령 사회로 분류하는데, 우리나라는 이미 2017년에 고령사회에 진입했죠. 한국은 고령화의 속도가 매우 빠릅니다. 저는 이것을 '소리 없는 장수혁명'이라고 말합니다. 우리가 예전과 비교해 보면 정말 더 오래 더 건강하게 더 잘 살게 되었어요. 이른바 장수혁명이 일어난 겁니다. 그런데 고령화와

저출산이 동시 진행되면서 장수혁명을 지방 인구 소멸로만 이야기하는 것은 문제예요.

2010년대 이후 출생한 아이들 절반 이상이 100세까지 산다는 연구도 있죠.

____ 건강하게 사는 기간이 훨씬 늘어나는 거예요. 이 현상을 교육적인 측면에서 들여다봅시다. 산업사회의 표준모델로 보면 20세까지 교육을 받고, 60세까지 40년 일하고, 은퇴해서 10년 노후를 보내다 병들어 죽습니다. 20대에 직장에 들어가면 퇴직할 때까지 한 직장에서 보내요. 그런데 이런 전통이 외환위기 사태 이후에 붕괴했어요. 지금은 스무 살 때 직장에 들어가기도 어렵지만 서른 살에 들어간 직장도 예순 살까지 다닐 수 없는 사회 구조잖아요. 그런 상황에서 60세까지 일하면 100세까지 40년을 더 살아야 합니다. 어쩌면 50대에 학교를 한 번 더 다녀야 할 수도 있다는 말이에요. 건강하게 30년 더 살아야 하는데, 어떻게 살아야 하는지 고민이 들 때니까요. 그래서 평생교육이 더 중요해집니다.

고령사회 이야기가 나온 김에 평생교육이라고 하면 가장 먼저 떠

오르는 실버 세대에 대해 이야기해 보죠.

＿＿ 질문을 약간 바꿔야 할 것 같아요. 실버 세대를 몇 살부터로 정의할지는 우리나라도 세계적으로도 논쟁적인 부문이거든요. 머리가 하얘지면 실버 세대 아닐까? 생물학적으로는 50세 정도면 머리가 하얘지는데, 50대들을 불러놓고 '당신들이 실버 세대'라고 하면 인정할까요? 아닐걸요. 기분 좋아할 사람이 거의 없겠죠. 평균수명이 60세였던 시대에는 실버 세대를 50대라고 인정했겠지만요.

그러면 실버 세대는 몇 살부터인가요?

＿＿ 우리 사회에서 실버 세대를, 노인을 몇 살부터 규정할 것인가 하는 생각이 급속도로 바뀌고 있는 것 같아요. 예전에는 예를 들어 60대가 되면 자녀가 결혼하고, 손자녀가 태어나고 말 배워서 할머니, 할아버지 이렇게 부르면 자기 스스로가 노인이 된다는 생각을 자연스럽게 했어요. 지금은 손자녀가 초등학교에 다니고 있어도 자신을 노인이라고 생각하는 사람이 별로 없을 겁니다. 그러니까 실버 세대를 누구로 볼 것인가에 대해 사회적·정책적으로 예산 확보를 위해서라도 이런 논의를 하긴 하지만, 실제로 당사자인 중고령자들은 그렇게 생각하지 않는 경우가 대다수

입니다. 이건 경제적으로 중산층, 상류층으로 갈수록 더 심해요. 사회적으로 노인, 실버 세대로 호명되는 것에 거부감이 더 세다는 말입니다.

공공기관에서 실버 세대를 지칭한 사례가 있을 텐데요.

___ 우리나라에서는 박원순 서울시장 시절에 복지재단인 '50플러스재단'을 만들었어요. 50세가 넘은 사람들을 위한 평생학습을 복지 차원에서 지원하는 목적으로 이들의 평생학습에 대한 기회를 부여한 겁니다. 서울시에서 정책적으로 실버 세대를 말하기 시작한 때이죠. 이건 국가 차원에서도 주목하는 부분입니다. 현재 경제, 사회 구조가 50대가 되면 대부분 이직이나 전직을 하게 되어 있어요. 고용 불안이 심각한 수준이지만 특별히 베이비붐 세대의 경우 50대 중후반이 되면서 이직과 전직 문제가 현실이 되었죠. 그다음이 X세대이죠. 소비문화를 가졌던 세대인데 이들 역시 50대가 되면 직장을 옮기거나 창업하는 것이 일반적인 현상이 되었잖아요. 그러니까 50대라고 하는 시점이 우리 사회에서 이른바 생애에서 큰 전환을 불가피하게 겪어야 하는 때가 된 것 같아요. 그럼 50대에게 어떤 교육의 기회를 줄 것인가 역시 국가적·사회적·개인적으로 중요한 과제이죠. 하지만 누가 이 교육에

참여할지, 50대를 위한 교육을 무엇이라 부를지는 아직 국가 차원에서 명확하게 정리되지 않은 상황이에요.

생애 대전환기 맞는 50대를 위한 평생교육

평생학습이 성인학습으로 확장되는 것이 아니라, 50대 이후의 연령대가 겪는 전환에서 불가피하게 일어나는 것이란 지적이군요.

___ 그렇죠. 50대 이후 연령대에서 평생교육 기회를 어떻게 확장할지가 바로 국가적 과제라는 겁니다. 그 연령대 당사자들은 국가가 제공하는 교육 프로그램에 참여할 기회를 얻어서 자기 생애 전환을 해야 합니다. 그런데 이런 기회가 여전히 우리 사회에서는 부족해요. 개인 삶의 생애 주기나 경제 일자리 구조 측면에서 보면, 50대 전환기에서 이런 현상이 일어나는 것이 선명하고, 그래서 이 시기에 어떤 평생학습을 어떻게 할 것인지가 큰 과제란 이야기이죠.

급격한 기술 발달이 이직·전직 시기를 가속화하기도 합니다.

___ 직장생활을 하는 40년 동안 이직과 전직은 이제 일반화되

었어요. 개인적인 불만족도 있겠지만, 급격한 기술 변화로 산업 구조가 바뀌니 어쩔 수 없이 그런 경우도 많죠. 저도 이제 50대에 접어들었는데요. 제 또래 중에 공업고등학교를 졸업하고 자동차 공장에 취업한 사람이 있다고 칩시다. 스무 살에 취직했으면 내연기관 자동차를 주로 만들어 왔을 거예요. 그런데 지금은 수소차와 전기차를 만들어야 해요. 심지어 자동차에 컴퓨터도 들어갑니다. 이제 자동차가 동력장치인지 전자장치인지조차 구분이 모호해진 겁니다. 직업 세계에서 한 사람의 직업 생활 주기 중에 이런 급격한 변화가 일어나고 있는 상황입니다. 자신의 기술 수준을 유지하면서 살아가려면 엄청나게 공부해야 한다는 뜻이죠. 이 사람이 30년 전에 취업할 때는 수소차에 관해 들어본 적도 없었을 텐데 말이죠. 손을 쓰는 노동자만이 아니에요. 제 또래에 의대에 갔던 사람이 있다고 칩시다. 그 사람은 의대에서 로봇 수술을 배웠을까요? 로봇 수술이 2000년대에 본격 도입되었고, 지금은 로봇 없이는 수술할 수 없는 경우가 많죠. 의사도 끊임없이 배우고 있는 거예요. 예전에는 학교에서 배운 내용으로 퇴직할 때까지 큰 어려움 없이 살 수 있었는데, 지금은 그게 불가능해졌다는 말입니다.

50대라고 하지만 하나의 기준으로 묶을 수 없을 만큼 다양한 사람들이 존재합니다.

_____ 그렇습니다. 50대는 계층적으로도 봐도 학력 배경으로도 봐도 매우 다양해요. 그 시기에 대학 졸업자 비율이 30% 정도일 겁니다. 여전히 대학교육을 이수하지 못한 분들이 많죠. 또 디지털 시대 전환에 대응할 수 있는 역량이 충분치 않은 비율도 상당히 높을 거예요. 어떤 학습이 필요할까요? 사람에 따라, 직업에 따라 다양하겠죠. 거기에 더해서 50살 이후의 삶을 어떻게 준비할지에 대한 개인의 요구까지 다양할 거예요. 이런 다양성을 고려하면, 국가적으로도 다양성에 부응하는 평생교육 서비스와 정책이 필요한데, 여전히 그 부분은 우리 사회에서 논의 중입니다. 물론 파편적으로 지역마다 다양한 실천 사례들이 나타나고는 있지만요.

그런 의미에서 성인의 평생학습은, 중장년의 재취업·직업교육훈련과는 어떤 차별성을 가지나요?

_____ 재취업과 직업교육훈련은 실제로 무엇인가요? 말로는 재취업을 위한 교육이고 직업과 관련된 역량을 길러주는 교육인데, 실제 교육의 내용이 뭘까 생각해 볼 필요가 있다고 봅니다. 예를

들어 경력이 단절된 50대 여성이 있다고 가정해 봅시다. 30대까지 직장을 다니다가, 출산하고 아이를 대학에 보내고 나니 50대가 된 거예요. 이분이 재취업해서 다시 사회생활을 하고 싶다고 합시다. 그래서 재취업 교육을 받으면 교육받은 분야에서 일자리를 찾을 수 있을까요? 쉽지 않아요. 경력 단절 여성이 국가에서 제공하는 컴퓨터 교육 프로그램을 이수하고 자격증을 따면, 컴퓨터 관련 업종에 취업할 수 있겠느냐는 질문입니다. 여기서 한 걸음 더 나가 볼게요. 그러면 그냥 '당신이 원하는 것을 배우세요'라고 하면 그게 재취업과 연결되느냐는 질문인데요. 전혀 연결되지 않죠.

교육과 일자리의 미스매치에 대한 지적이시군요.

_____ 대학교육도 마찬가지이거든요. 대학에서 받는 교육과 기업에서 원하는 역량에 대한 격차가 크다 보니, 직업 미스매치가 심하죠. 사실 어느 세대에서나 일어날 수 있는 일이라고 봅니다. 그런데 50대 재취업·직업교육훈련 내용에 꼭 필요한 것이 무엇일까요? 저는 이분들에게 삶의 기술을 다시금 확인하는 과정이 필요하다고 생각해요. 예를 들어 가정에서 오랜 기간 아이를 키우면서 제한된 인간관계 폭을 갖고 살아온 분들이 직업을 가지려 한다면, 분명 낯선 사람과 만나 의사소통할 수 있는 역량을 확인

하고 학습할 기회가 필요하겠죠. 저는 이런 삶의 기술이 평생학습 참여를 통해 상당히 자연스럽게 길러질 수 있다고 생각합니다.

평생교육에서 재취업을 위한 근본적인 역량을 길러줄 수 있다는 말씀이시네요.

_____ 그렇습니다. 평생교육 기관에 와서 낯선 사람을 만나 새롭게 사귀고 교육의 내용도 익히지만, 이를 통해 사람들과 소통하면서 의사소통하는 능력을 길러 낼 수 있죠. 재취업, 직업교육훈련이라는 게 아주 좁은 의미에서 직업을 찾는 데 도움이 되는 교육 또는 직장 생활을 하는 데 필요한, 즉각적으로 써먹을 수 있는 기술이라는 협소한 의미라면요. 그런데 평생학습을 50대에서 재취업, 직업교육훈련이라는 좁은 의미가 아니라 더 넓게 보자는 거예요. 이 사람이 새로운 인생의 단계를 준비하는 데 필요한 역량을 좀 더 폭넓게 준비시켜 줘야 한다고 봅니다. 함께 학습하는 경험이 중요하다고 생각해요.

이직과 전직에 실패해 어쩔 수 없이 창업의 길로 몰리는 50대도 많습니다.

_____ 사실 창업하는 50대 분들이 정말 많죠. 전 혼자 하지 말고

같이 창업을 고민하고 준비하는 분들을 만나야 한다고 생각해요. 20~30대에 창업하는 분 중에도 홀로 모든 문제를 해결하면서 창업하는 분은 거의 없잖아요. 우리 사회는 50대에 창업하는 분들을 어떻게 생각하고 있나요? 사실상 50대의 창업은 혼자서 외롭게 하는 것처럼 보는 시각이 대다수예요. 이분이 어디서 동업자를 만나야 할까요? 같은 뜻을 지닌 이들을 어떻게 만날 수 있을까요? 똑같은 기술 교육을 받은 사람들끼리 만나야 할까요? 아니에요. 소규모 자영업이라고 해도 서로 다른 역량을 가진 사람들이 만나야 서로 보완하고 시너지도 생기잖아요. 같은 직업 교육을 받는 옆자리 사람과 창업을 하기보다는, 더 폭넓게 다양한 사람을 만날 수 있는 장이 있어야 해요. 저는 이것이 평생학습의 기회를 부여함으로써 일어날 수 있다고 봐요. 그런 교육이 3개월 단기 재취업, 직업 교육 프로그램으로 원활하게 잘 될까요? 물론 단기 프로그램도 필요하죠. 다만, 각자 개인을 생각한다면 훨씬 더 다양한 교육에 장기간 참여하는 기회와 학습하는 여건을 조성할 필요가 있다고 봅니다.

평생교육과 평생직업교육훈련이 함께 가야 한다는 지적은 오래 전부터 나왔습니다. 하지만 관련 부처가 교육부-고용노동부로

나뉘어 있어요. 연계가 절실한데 어떻게 생각하세요?

___ 오래전부터 논의되었던 문제이죠. 특히 우리나라 고용노동부는 노사관계 업무에 치중하다 보니 실업문제가 심각해지면서 실업자에게 급여를 지급하는 문제, 국가가 사회 안전망을 갖추고 실업자를 재취업시키는 문제에 역량을 집중해 왔어요. 재취업훈련이 고용노동부의 주요 사업이 된 것이죠. 반면 교육부 안에서도 전문대들이 평생직업교육기관이 되겠다고 주장하기 시작했고, 학령기 학생이 줄어들면서 앞으로도 이런 요구는 더 거세질 것이라고 봅니다. 고용노동부와 교육부가 이 문제를 놓고 경쟁하고 있는 상황이라고 봐요. 그런데 고용노동부 산하에도 대학이 있어요. 기술 중심 대학인 한국폴리텍대학으로 고용노동부가 공격적으로 폴리텍대를 육성했어요. 교육부는 당연히 고등교육기관인 전문대학을 관리하고 있죠. 이 두 시스템이 경쟁하는 시기에 경쟁이 중복되지 않도록 국가가 관리를 잘해야 한다고 봅니다.

교육부와 고용노동부의 통합은 어려울까요?

___ 이상적으로라야 말할 수 있겠지만 쉽지 않을 거예요. 일단 전문대는 사립대가 절대다수이고 폴리텍대는 국공립이죠. 디지털 관련 교육이 앞으로 노동시장에서 중요한데 폴리텍대에서

잘할 수 있을까요? 그런데 하려고 해요. 포괄적인 기술 교육 체제를 갖추고 싶으니까요. 그런데 산하에 대학을 가진 정부 부처가 점점 많아지고 있어요. 산업자원부는 한전공대를 만들었어요. 카이스트 같은 대학은 과학기술정보통신부 산하에 있습니다. 여러 부처에서 교육 관련 업무를 하는 거예요. 고용노동부와 교육부만의 문제가 아니라는 이야기입니다. 사회 전체가 새로운 단계로 가고 있는 상황이에요. 전통적인 학교 중심 교육부, 교육청 체제가 유지될까요? 고용노동부와 산업자원부도 대학을 만들어 학위를 주고, 학위랑 관계없는 민간 기업에서도 교육과 학위에 대해서는 훨씬 더 창의적인 실험이 진행되고 있는데 말이죠. 종합적으로 보면, 고용노동부와 교육부의 연계와 협력은 물론 필요하지만 좀 더 큰 틀에서 우리 사회가 교육을 어떤 틀에서 관리할지 고민이 필요하다는 겁니다. 쉽지 않은 문제이죠.

실버 세대 나이를 논하다 보니 평생교육 문제가 생각보다 삶에 깊숙이 연관되어 있다는 생각이 듭니다.

＿＿＿ 저는 실버 세대의 교육 문제가 우리 사회에서 아직 본격적으로 다루어지지 않고 있다고 생각해요. 대개 복지관, 특히 노인복지관을 중심으로 어르신을 위한 프로그램이 있긴 하죠. 그런

데 얼마나 많은 노인이 복지관에서 평생교육 프로그램에 참여하는지 아직 국가적인 정확한 통계조차도 없을 겁니다. 사회적으로 관리하지 않는다는 말이죠. 교육청에서는 학교를 관리합니다. 어떤 프로그램을 진행하는지, 새로운 프로그램은 뭐가 필요한지 연구해서 무엇을 더 제공해야 할지도 도출해 내죠. 심지어 국가가 국어, 영어, 수학은 몇 시간을 가르쳐야 할지도 정해 주는데 평생교육 관련 통계 실태는 전혀 그렇지 못합니다.

기초적인 통계조차 없으면 어떻게 변화해야 합니까?

____   앞으로 평생교육 프로그램이 잘 진행된다고 해도 과목별 시수를 따질 것 같지는 않고요. 그렇지만 통계 정도는 있어야 한다고 봅니다. 아직 거기까지 못 간 거예요. 평생교육 프로그램 관리 등을 추진하기 위한 법, 제도, 인력, 예산이 제대로 확보되어 있지 않거든요. 이 문제는 여전히 여기저기서 각개약진하고 있다고 봐요. 아까 언급한 것처럼 서울시에서는 50플러스재단을 만들었고, 예전에 복지관이었던 구호 기관들이 이제는 실버 세대를 위한 교육기관으로 변신하는 경우도 있죠. 여기에 국가가 정책적으로 좋은 데이터를 제공해 주면서 새로운 가능성을 열어 줘야죠. 우리 사회가 노년 세대의 삶을 다각도로 이야기할 필요가 있

어요. 하지만 여전히 먹고 사는 문제인 노년의 일자리, 단기 아르바이트, 이를 위한 단기 교육만 이야기하는 것이 현실입니다.

문해교육은 국가의 사명

국가평생교육진흥원에 실버 세대를 위한 평생교육 프로그램이 있나요?

___ 노년의 삶 전체를 놓고 어떤 교육을 사회적으로 제공해야 하는가까지는 나가지 못한 것이 현실입니다. 우리 기관에서도 못하고 있어요. 아직 노인교육 관련 프로그램이 없고, 몇 살부터 노년기인지, 또 이를 국가평생교육진흥원에서 어떻게 책임져야 할지 등에 대한 법적 임무가 주어져 있지 않다는 말씀입니다. 물론 국가평생교육진흥원에서 관리하는 사업에 참여하는 분 중에 노인 인구가 있어요. 하지만 그 연령대를 특화해서 국가적으로 어떻게 지원해야 하는지를 큰 축으로 놓고 정책 사업을 하지 못하고 있습니다. 평생교육 차원에서 논의는 있을 수 있지만, 국가기관으로서 사명은 없는 상황이죠.

문해력 증진 프로그램은 진행하고 있잖아요?

＿＿＿ 19세 이상에 대해 문해 능력 조사를 국가평생교육진흥원 국가문해교육센터가 수행하고 있습니다. 조사 결과를 국가 공식 통계로 등록도 하는데요. 2020년 기준 약 200만 명이 제대로 읽고 쓰지 못하는 것으로 추산해요. 초등학교 저학년 정도 수준에 못 미친다는 뜻이죠. 기초 문해력은 초등학교를 졸업했거나 졸업하지 않았어도 초등학교 6학년 졸업 수준으로 기대되는 읽고 쓰고 셈하는 능력으로 보거든요. 그런데 이 정도에 미치지 못하는 성인 인구를 전체적으로 580만 명으로 추산하고 있습니다.

580만 명이라고요?

＿＿＿ 키오스크에서 주문하기 어려운 분, 은행에서 대출상품 비교가 어려운 분, 보이스피싱을 판단하는 능력이나 공공기관에서 행정 업무를 해결하는 능력 등을 포함하면 889만 명 정도까지 늘어납니다. 우리나라가 중학교까지 의무교육인데 중학교 졸업 수준의 문해력을 갖추지 못한 인구가 889만 명 정도라는 겁니다. 이렇게 많은 분들이 문해력이 부족해서 생활을 불편하세요. 그들 중 다수가 고령자이고요. 사실 이건 국가의 책무이죠. 중학교까지는 의무교육이잖아요. 국가가 책임져야 하는데 그 수준에 도

달하지 못한 사람이 너무 많다는 거예요. 889만 명 전부는 아니더라도 적어도 200만 명 비문해자 중에서 읽고 쓰는 법을 배워보고 눈을 감고 싶다는 동기부여가 된 분들은 국가가 책임져야죠. 자신이 비문해자라고 내놓고 말하기 부끄러운 분들도 있을거예요. 하지만 원하는 분들에게는 국가가 문해교육을 권장하고 프로그램을 제공하는 등의 노력을 해야 한다고 생각합니다.

평생학습 선진국들은 학교와 지역의 벽을 허물어 교육자원을 공유하는 방향으로 평생학습의 범위를 확장하고 있다. 우리나라 역시 지자체와 협업을 통해 마을교육공동체 이름으로 정책을 추진하고 있다. 하지만 평생교육을 더욱 뿌리내리려면 지역 학교와 협업이 더욱 긴밀해져야 한다는 지적도 있다. 코로나19 이후 언택트를 넘어서 로컬택트 기반의 평생학습 생태계를 구축해야 한다는 주장도 나온다. 위기에서 비로소 가정과 마을의 힘을 재확인한 것처럼. 시민들이 일상에서 배움을 이어갈 수 있는 평생교육의 촘촘한 마을연대망은 어떤 방식으로 가능할까?

지역사회에 학교를 개방하는 사례들

해결 방법이 있나요?

____ 충남 논산을 예로 들어 볼게요. 굉장히 열정적으로 문해교육을 시행하는 지역이죠. 논산시에서는 아주머니들이 한글 교사 교육을 받고 비문해자 어르신을 찾아가서 가르쳐요. 이분들에게 교통비와 소정의 수고료를 지급하죠. 저는 이 문해교육을 통해 논산시 도시 자체가 완전히 바뀌었다고 봐요. 농촌인데 동네마다 글 배우는 일들이 일어난 거예요. 마을회관에서도 단체로 가르치고, 집에서는 서넛이 모여 배우면서요. 350개가 넘는 '찾아가는 한글대학'이 생겼고, 3,000명이 넘는 어르신이 참여해요. 그렇게 글 배우고 나면 다른 일들을 하죠.

어떤 다른 일들을 하나요?

____ 글을 배운 분들이 모여서 다른 문화활동을 하기 시작해요. 예를 들면 동네 잡지를 만들기도 합니다. 기자가 되어 3개월에 한 번 나오는 '한마음 글마실'에 글을 쓰죠. 문해교육에서 시작해 공동체가 자연스럽게 피어난 거예요. 인생이 달라지는 거죠. 저는 이런 일이 한국 사회에서 흔하게 볼 수 있는 일이 돼야 한다

고 생각합니다. 아까 말씀드린 읽고 쓰지 못하는 인구 200만 명 중에 대다수가 농산어촌 지역에 거주하는데요. 이분들이 새 인생을 살 수 있게 만드는 데는 조금의 지원이면 충분하다는 이야기이죠. 얼마 전 서울시교육청 앞에 트랙터를 세워 두고 '우리 동네로 유학 오세요'라고 해남군에서 시위를 했죠. 거긴 어르신들이 초등학교에 입학해요. 학교 문을 닫지 않게 하려고요. 하려면 할 수 있어요. 적극적으로 안 해서 그렇죠.

지금 학교는 특정 연령대의 인구, 그러니까 학령인구를 시기에 맞춰 입학·졸업시키는 시스템인데 그게 가능할까요?

____ 시골은 작아서 가능하다고 봐요. 학생 숫자만큼 교사와 직원이 있는 학교도 있다고 해요. 학교의 최소 단위는 유지해야 하니까 인구가 감소해 학교 유지가 어려운 지역에서는 시도해 볼 수 있지 않을까요? '학교의 역할을 어떻게 다시 생각해야 하는가'라는 논의와 맞닿아 있습니다.

학령인구가 줄어드는 지역에서는 학교 통폐합이 먼저 시도되고 있는데요.

____ 통폐합하고 학교 문을 닫는 게 능사가 아니라면, 그 학교

를 교육 기회가 필요한 지역 주민을 위한 곳으로 전환하는 아이디어가 필요하겠죠. 초등학생은 없어도 주민은 많으니까 학교가 이를 어떻게 할지 고민해 봐야 한다는 이야기예요. 교사의 역할은 무엇인가요? 지금까지 대부분 학령기 학생을 가르치는 일이었잖아요. 그런데 그 지역에 학령인구가 다 사라지면 교사도 없어져야 하나요? 아니요. 어르신들도 교육이 필요합니다. 학생이 없다고 학교 문을 닫을 게 아니라 어르신을 덧붙여 학교를 유지하는 편이 더 낫다고 생각해요. 이건 사회적으로 좀 고민해 볼 필요가 있다고 봅니다. 물론 그 학교 옆에 노인 복지관을 지어서 '어르신들은 여기서 공부하세요'라고 할 수도 있죠. 읍내에 실버센터를 짓기도 하고요. 그런데 멀쩡한 초등학교를 두고 꼭 저렇게 해야 하나 생각이 드는 건 사실입니다.

학령인구가 사라진 마을에서 공동체가 새롭게 다시 태어나는 느낌입니다.

___ 대만을 예로 들어 볼게요. 대만의 농산어촌에도 조손가정이 적지 않다고 해요. 대만 교육부에서 '낙령(樂齡) 교육'을 슬로건으로 내걸었는데요. 번역해 보면 '즐겁게 나이 드는 교육'이 되겠죠. 영어로는 'Successful Aging'이고요. 대만에서 성공하는 노

년기 교육 방법으로 학교에 노년층을 초청합니다. 학교 교실에서 할아버지와 할머니를 위한 프로그램을 운영하죠. 손자녀의 학교 행사가 있으면 할아버지 할머니가 도와주고요. 운동회도 같이 하고 공연도 열죠. 초등학교에 할아버지 할머니들이 손자녀의 손을 잡고 등교하는 모습을 보는 거예요. 반면에 우리는 어떤가요? 별도로 노년을 위한 센터를 만들지만, 학교는 아직 노년들에게 굳게 닫혀 있는 게 현실입니다. 대만처럼 한다면 물론 싫어하는 교사들도 있겠죠. 하지만 보람을 느끼는 교사들도 있지 않을까요?

초등학교를 지역사회에 개방하는 나라들이 또 있나요?

___ 일본도 그렇게 해요. 센다이시를 예로 들게요. 인구가 100만 명이 넘는 동북 지역 중심도시인데요. 초등학교 주 출입문이 2개에요. 학생들이 운동장을 가로질러 학교로 들어가는 정문이 있고, 건물 옆에 지역 주민이 출입할 수 있는 별도의 문이 있어요. 여길 열고 들어가면 지역 주민을 위한 시민센터가 있어요. 외국인을 위한 일본어 교실을 지역사회 프로그램으로 강의하는데요. 제가 도호쿠대 방문교수 시절에 센다이시 초등학교 건물에 있는 시민센터에서 일본어를 배웠습니다. 방과 후에는 강당이나 학교 시설을 지역 주민들이 활용하기도 하고요. 학교 시설을 지

역 주민과 함께 쓰는 거죠. 초등학교가 거주지 기반으로 도시계획을 해서 블록 하나에 초등학교 하나, 이런 식으로 지어졌어요. 근거리 위주로 만들어서 이 시설을 어떻게 지역 주민들과 같이 활용하고 관리할지 고민해 보자는 것이죠. 우리는 교육청이 학교를 관리하는데, 일부 교장 선생님 중에 학교 개방을 꺼리는 분이 많아서 어려움이 커요.

당장 듣기에도 아이들 안전 문제를 제기할 거 같은데요.

____ 일본이라고 안전 걱정을 안 하는 건 아니잖아요. 하지만 일본은 학교 시설을 지역사회와 어떻게 공유할지 고민하고 실천하고 있어요. 대만 타이베이시에서도 해요. 타이베이시는 구마다 보통 중학교 건물을 공유하죠. 중학교 건물 안에 사구대학, 즉 커뮤니티컬리지가 있습니다. 방과 후에 지역 주민을 위해서 교실을 개방하고 평생교육 프로그램을 진행합니다. 요리 교실도 있고 음악, 미술 활동도 하죠. 학교 옥상에서 심지어 양봉 교실도 하고 있어요. 이 시설은 학생들이 체험학습장으로도 활용합니다.

학교 중심의 교육에서 벗어나야 한다고 주장하셨는데, 그럼에도 학교 시설은 평생교육에 중요하다는 말씀으로 읽힙니다.

___　　평생교육이라고 하면, 연령대가 높거나 학령기 이후 사람들 혹은 학교 교육의 기회를 제때 누리지 못했던 사람들을 대상으로 하는 경우가 많았죠. 비문해 성인을 위한 문해교육이 평생교육의 출발점 중 하나인 이유이기도 하고요. 또 고령사회로 진입하면서 나이 많은 분들을 위한 교육을 평생교육이라고 하는데, 어디에서 해야 할까요? 사회에서 시설과 관리를 위한 제도와 장소를 찾는 것이 우리 시대의 큰 고민입니다. 저는 여전히 학교가 중요한 역할을 해야 한다고 봐요. 요즘 초등학교에서는 학급당 학생 수를 법으로라도 정해서 20명 이하로 낮춰야 한다는 이야기가 나와요. 또 학교 유휴시설은 남아도는 시설이 아니라 아이들의 교육 여건을 더 좋게 만드는 데 활용해야 한다는 주장도 있죠. 맞아요. 하지만 저는 상당수 초·중·고등학교가 지역의 평생교육 기능을 해야 한다고 봅니다. 특히 인구가 급속도로 줄어들고 있는 지역은 더 그렇죠. 대도시와 지방에 규모가 좀 있는 도시 빼고는 사실 학교에 학생이 없어요. 학교를 지역 주민 전체를 위한 평생교육기관으로 활용하는 방안을 적극적으로 고민해야 할 때라고 봅니다.

대학구조개혁 7차 토론회에서 강대중 국가평생교육진흥원장은

"평생교육은 개념의 뿌리상 학교 밖 교육, 제도권 바깥의 교육이다. 반면 대학은 제도권의 정점에서 학교 교육을 지배하고 있다. 대학교육이 평생교육이라는 패러다임을 통해 개혁될 수 있을까. 대학이 제도권 교육을 포기할 수 있을까. 또 평생교육은 제도권에 포섭되어야 하는가"라는 화두를 던졌다. 또한 강 원장은 "한국 대학의 구성원들이 학령기 이후 생애 단계에 있는 사람들이 대학에 드나드는 일을 환영하고 열망할까? 노년 인구가 증가하면 학생들은 자연스럽게 바뀔 거 같은데 교수는 어떻게 바뀔 수 있을까? 성인학습자 중심으로 교수가 바뀔 수 있을까? 팬데믹 시기 대면수업 없이 졸업하는 경험이 전문대 학생들에게 현실화했고, AI 시대가 오면서 대학은 더 이상 지식전문가들의 정점이 아니게 되었다. 기존의 학교 중심 교육 체제가 평생교육의 관점에서 개혁되어야 한다"라고 주장했다.

대학과 평생교육

평생교육이라는 주제 안에서 대학 구조개혁에 대한 원장님의 의견이 궁금합니다.

___ 지금 우리 대학 구조조정에 대한 논의를 들여다보면요. 국공립대와 사립대, 서울대를 정점으로 한 견고한 수도권 중심 서열 체제 등을 완화하자는 것이 대학개혁의 중심 화제였어요. 물론 그 논의도 의미가 있죠. 다만 개혁 모델로 거론되는, 예를 들면 엘리트 대학을 여러 개 만들자는 아이디어는 프랑스 대학 체제나 미국 주립대 모델 이야기이죠. 그런데 프랑스에서 엘리트 교육은 그랑제콜에서 담당해요. 미국 주립대요? 캘리포니아 주립대 시스템 역시 버클리나 UCLA처럼 엘리트 교육이 존재하죠. 캘리포니아대 다음이 캘리포니아주립대이고요. 마지막으로 지역 전문대학(community college) 순이잖아요. 중요한 사실은 단 한 번도 대학 명칭이나 기능상에서 이 순서가 역전된 적이 없다는 겁니다. 물론 학생은 지역 전문대학에서 UCLA로 학력 성취도에 따라 이동할 수는 있죠. 하지만 학교 순서는 절대 바뀌지 않아요. 우리나라도 그런 부분에서 좀 자유로워야 합니다.

우리나라도 학생 이동을 위한 편입 제도가 잘 되어 있지 않나요?

___ 물론 편입 제도가 있지만 제한 조건이 많아요. 정원의 몇 퍼센트에게만 열어 주는 구조이죠. 지금은 학령인구가 줄면서 좀 더 열리고 있긴 합니다. 그런데 한번 조사해 봤으면 좋겠어요. 예

를 들어 대학마다 학과마다 1학년 신입생 중에 2학년으로 올라간 학생 비율이 얼마나 되는지, 또 중간에 자퇴하지 않고 졸업하는 학생은 몇 퍼센트인지요. 학생들은 편입이 아니라 반수, 재수를 하며 이동하고 있는 것 같아요.

국평원의 학점은행제, 독학사 같은 프로그램도 있고, 원격대학인 방송대도 편입생들이 많이 이용하고 있죠.

_____ 학점은행제, 독학사, 방송대, 사이버대 등이 이른바 고등교육을 받지 못한 이들에게 큰 도움을 주고 있다고 생각합니다. 물론 이 제도들은 각각 운영상 여러 어려움이 있지만, 지금 고등교육 생태계 전체를 놓고 보면 그 의미가 상당하죠. 대부분 학교처럼 경직된 체제로 유지되지 않고 유연하게 변화할 수 있으니까요.

어떤 부분에서 유연한가요?

_____ 예를 들어 새 전공을 만드는 과정에서 찾아볼 수 있죠. 독학사나 학점은행제는 국가평생교육진흥원에서 관리하는데, 새로운 전공을 만들기도 하고 수요가 없으면 없애기도 해요. 일반대보다 훨씬 유연하죠. 학생들이 이동하는 통로로 활용되기도 하고

요, 학점은행제는 자격증을 취득하려는 사람이 많이 이용하죠. 사회복지사 자격증을 따려고 일반대에 들어가려면 사회복지학과 정원이 있어요. 하지만 학점은행제에는 정원이 없거든요. 학점은행제에는 새로운 전공 개설 요구가 지금도 여전히 있습니다.

대학도 평생교육을 감당하는 한 축이 될 수 있을까요?

___ 학교가 완성교육을 시행할 때 한 사람이 학습을 지속해서 하는 측면에서 대학 졸업장은 여전히 유효한 측면이 있죠. 예를 들어 카이스트, 포스텍, 서울대에서 학사 학위를 받았다고 합시다. 학생을 가르치는 교수진도 지식전문가의 정점에 있죠. 이건 우리 사회가 인정하는 부분입니다. 그런데 지식의 생명주기가 짧아지면서 대학연구소보다 기업연구소가 더 주목받고 있어요. 최근 기업이나 대학이 데이터에 관심이 큽니다. 데이터가 어디 있나요? 예전에는 기업과 대학이 공조하면 다 할 수 있었죠. 오히려 대학이 일방적으로 가지고 있던 적도 있었고요. 대학 도서관은 인류가 가진 지식의 집합소였거든요. 하버드대의 저명한 연구소를 비롯해 영국 옥스퍼드 도서관, 거슬러 올라가면 알렉산드리아 도서관처럼요.

지금은 대학이 지식이 모이는 최정점이 아니라는 지적을 하시는 군요.

___　그렇습니다. 지금은 지식 정보가 대학 도서관에 고이지 않고 인터넷에 다 있어요. 도서관 사서의 의미도 변하죠. 예전에 도서관 사서는 책을 분류하는 사람이었어요. 지식과 정보가 인터넷에 고이는 지금 시대에 사서란 과연 무엇을 해야 할까요? 인간의 삶을 바꾸는 지식을 만드는 곳이 가상공간으로 바뀌고, 그 데이터는 우리 두뇌만으로는 처리할 수 없어요. 위대한 천재 한 명이 생각해서 할 수 있는 게 아니라 컴퓨터가 있어야 한다는 겁니다. 그러면 인간은 컴퓨터를 디자인하기라도 해야 하죠. 인공지능 시대라는 건 누구라도 인공지능을 들고 다니는 시대이거나 아니면 인공지능에 연결된 채로 살아야 하는 시대예요. 이런 시대에 지식전문가가 있는 곳이 과연 대학일까요? 최정점의 지식을 보유한 이들이 정말 대학 안에만 있을까요? 저는 달라질 것으로 생각합니다.

결국 대학이 소멸한다는 말씀이세요?

___　그렇게 말하는 사람도 있겠죠. 그런데 소멸한다기보다 이렇게 생각해 보면 이해가 쉬울 것 같아요. 가족이 소멸할 것인가

아니면 새로운 형태의 가족이 생기는 것인가. 비슷한 이야기이라고 봅니다.

대학이 기존 학령기 학생 교육 모델을 넘어서 성인학습자의 요구와 특성, 예컨대 일과 가정이 있는 노동자의 경우 교육비 부담, 장기간 학습 시간 확보 등을 고려한 대학교육모델로 변화할 방안이 있을까요? 이를테면 대학의 평생교육 체제 지원사업 말입니다.

___ 대학은 성인학습자들에게 학부 수준의 학위 교육, 석박사 수준의 교육을 제공하고 있죠. 그런데 지금은 학령기를 지난 분 중에 경제적 여유가 있고 학문적 즐거움을 찾는 분들이 대학을 찾습니다. 이런 분들은 학위를 받아서 교수가 되려는 게 아니라 공부하고 싶어서 대학을 다시 찾는 사례이죠. 공부해서 경력을 전환하는 데 도움이 되기도 하고, 더 다양한 수준에서 공부에 대한 욕구를 충족할 수 있는 심화 교육을 받고 싶은 거예요. 물론 대학은 여전히 중요한 기능을 하고 있습니다. 그러면 비전통적인 학습자, 그러니까 20대 초반 학령기 학생이라는 전통적인 라인에 있지 않은 성인학습자들이 많아지고 있는데요. 직업 생활을 오래 하다가 다시 대학에 오는 사람들, 보다 전문적인 심화 교육을 받고 싶은 사람들에 대한 요구를 어떻게 받아들일지 대학이 본격적

으로 고민해야 합니다. 비학위과정을 만들 것인가, 아니면 교육 프로그램을 어떻게 사회적으로 인정해 줄 수 있는 체제로 만들 것인가 하는 등에 대해서요.

대학 졸업장이 무용하다는 지적은 오래전부터 제기되어 왔습니다.

___ 유럽이나 미국은 기업들에서 학력 인증체제를 만들었죠. 나노디그리(Nanodegree, 미국 온라인 공개강좌 기업 유디시티에서 기업의 요구에 맞춰 6개월 내외로 제공하는 학습 과정)라고도 하는데, 마이크로소프트나 구글은 온라인에서 대학과 연계해 교육 이수 프로그램을 만들어요. 대학 졸업장이 아니라 새로운 형태의 학위 제도와 인증체제가 등장한 셈이죠. 이 체제들이 우리 사회에서도 조만간 생길 것이라고 봅니다. 만약 생기지 않는다고 해도 외국의 인증제도가 수입되고 유통될 겁니다. 대학이 이 변화에 얼마나 유연하게 대응하고 주도해 나갈지는 지켜봐야겠죠. 코로나19 이후 이런 시도를 하려는 대학들이 생겨났어요. 상당히 유연하거나 과거와는 전혀 다른 학위제도가 생겨날 것이라고 봅니다. 국가평생교육진흥원에서 운영하는 K-MOOC 역시 이를 활성화할 수 있는 매개체가 될 것이라고 봐요. 학점은행제도 마찬가지이고요. 성인학습자의 요구를 어떻게 받아들일지, 중간에서 연결하는

새로운 인정·인증 제도를 어떻게 마련할지 국가평생교육진흥원도 고민하고 있습니다. 성인학습자들이 대학에서 공부하는 것을 여전히 선호하고 있으니까요.

정부가 평생학습도시 사업을 추진한 지 올해로 20년을 맞았다. 첫해 3곳이었던 도시는 180곳으로 확대됐다. 양적 성장이 있지만, 속을 들여다보면 아쉬운 점도 눈에 띈다. 지자체장이 바뀌면 예산이 줄어들기도 한다. 또 평생교육사 채용에 대한 강제성이 없다 보니, 전문가 없이 해마다 평생교육 프로그램들이 바뀌는 주먹구구식 행정도 눈에 띈다.

평생학습기금과 유급학습휴가제도

평생교육사 채용 문제는 여전히 해결되지 않고 있습니다.

___ 어느 행정 서비스든 어느 시점에 도달하면 전문인력이 필요합니다. 한 가지 재미있는 게, 교육 분야는 전문인력에 대한 의존도가 어떤 의미에서 상당히 높고, 또 다른 의미에서는 모두 교육 전문가라고 생각해요. 명문대생을 과외 선생으로 채용했더니

그 학생이 아이를 학대해서 트라우마에 시달린다는 뉴스를 본 기억이 납니다. 부모 생각에 명문대생이면 공부는 당연하고 아이 가르치는 일도 당연히 잘할 것이라 믿은 것이죠. 한편으로 공부 잘하는 사람이면 교육도 잘할 것이라는 생각이 있지만, 다른 한편으로 교사는 국가가 보장하는 전문자격이니 교사 아닌 사람은 절대 학교에서 가르치면 안 된다고 하죠. 국민 사이에 교육은 누구나 할 수 있는 것이라 하면서도 전문성을 요구하는 측면이 있습니다. 평생교육도 마찬가지예요. 더 확장되고 더 많은 사람에게 필요해지면 전문성에 대한 요구가 늘어나겠죠. 평생교육에 전문성 있는 사람, 즉 평생교육사가 기획한 프로그램, 평생교육사가 직접 가르치는 프로그램에 대한 요구가 커질 것이고, 전문성을 가진 사람에게 더 잘하도록 해야 한다는 요구는 자연스러울 것이라 봅니다. 평생교육법에 따라 평생교육사 자격증을 국가자격으로 운영해 왔고 평생교육 프로그램 기획과 관련된 일들을 특히 평생학습도시에서 많이 하고 있지만, 여전히 어려운 상황입니다.

왜 고쳐지지 않는 건가요?

＿＿＿ 예산이죠. 지방 공무원은 인건비 총액제 같은 한계가 있어요. 사회 각층에서 전문적인 행정 서비스 요구가 많아지니 경

쟁이 매우 치열합니다. 예를 들어 지역사회에 고령자가 많아지니 간호사를 더 채용해야 한다고 합니다. 특히 코로나19 같은 상황에서는 보건 인력 충원이 절대적으로 필요하죠. 그렇다고 해서 모두 국가공무원으로 채용할 수 있나요? 그러면 지방 공무원을 뽑아야 하는데 인건비 총액제에 걸려요. 예산에 한계가 있다는 말이죠. 평생교육과 관련된 전문성에 대한 요구가 점점 커질 거예요. 이 일을 담당하는 평생교육사 채용도 더 큰 과제가 되겠죠. 평생교육법이 일종의 진흥법이기 때문에 규제하기 쉽지 않습니다. '평생교육사를 채용하라고 하는 것은 일종의 규제이죠. 강제하는 거니까 지자체 처지에서는 규제인 셈이죠. 왜 평생교육법 같은 진흥법이 규제를 하느냐는 저항이 민간에도 있어요. 평생교육은 학교 교육처럼 제도적으로 운영하는 것도 아니고, 제도권 밖에서 학위와 무관하게 하는 교육인데 왜 채용을 강제하느냐는 주장이죠. 그렇지만 제 생각에는 평생교육에 대한 전문성 요구는 높아질 수밖에 없으니 앞으로는 점차 나아질 것으로 전망합니다.

국평원은 사업 종류도 굉장히 다양하고, 조직 구성 또한 전국에 걸쳐 있습니다. 하지만 이를 평생교육이라는 하나의 가치로 꿰는 점에서는 약간 중구난방이라는 느낌도 들어요. 코로나19 이후,

평생교육 지도를 다시 그린다는 관점에서 원장님께서 설계하는 국가 평생교육 로드맵은 무엇인가요? 향후 국평원이 그리는 전 국민 평생교육 정책의 장기 목표는 무엇입니까?

___ 두 가지 방향성으로 추진하려고 합니다. 우선, 상대적으로 평생교육의 기회를 얻지 못한 분들을 위해 국가가 책임을 지는 정책들을 제대로 자리 잡게 하는 일이 필요하다고 봅니다. 학습에 투자할 시간, 돈이 없는 분들, 즉 사회경제적 약자이죠. 시간과 돈 때문에 학습 참여를 못 하는 문제는 국가가 최대한 노력해야 한다고 봅니다. 우선 저소득층부터 학령기에 교육 기회를 누리지 못했던 분들에 대해 국가가 헌법적 책무를 다하자는 뜻이죠. 제도를 만들고 지원 정책을 넣는 방식입니다. 이런 의미에서 문해교육도 좀 더 확장할 필요가 있다고 봅니다. 현재 평생교육 바우처 사업으로 학습비 지원도 하고 있습니다.

2018년부터 평생교육 바우처 사업이 시작되었어요. 하지만 수혜자는 2만 명 수준에 불과하고 지원금을 받고도 다 쓰지 못한 이용자가 절반을 넘는 것으로 나타났습니다. 학습비가 늘어야 저소득층이 부담 없이 평생학습에 참여할 수 있을 텐데요. 해결 방법이 있을까요?

___ 국가평생교육진흥원의 평생교육 바우처 사업으로 2021년 1만 9,000명 정도를 선정해서 이분들께 35만 원씩 지원했어요. 이 중에서 3,000명을 뽑아서 35만 원을 더 드렸습니다. 1년에 70만 원을 받은 것이죠. 2020년 평생교육 바우처를 지원받은 분들을 연구해 보니 이분들이 자기 돈을 조금씩 더 보태서 공부하기도 했어요. 공부를 해 보니까 더 공부하고 싶은 것들이 생기는 거예요. 국가가 소액을 지원한 행위가 마중물이 되었죠. 그래서 어느 정도 수준의 국가 지원이 정책 효과를 가장 높일 수 있는지 앞으로 연구가 필요합니다. 지금은 수혜 인원이 너무 적습니다. 1년 단위로 예산과 결산을 하니까 공고 내고 신청 받고 추첨 선정해서 바우처를 제공하기까지 시간이 오래 걸려요. 실제로 1년 내내 바우처를 쓸 수가 없는 형편이죠. 그래서 신청 자격만 갖추면 언제든지 필요할 때 쓸 수 있도록 제도를 변화시켜야 한다고 봅니다.

그러려면 필요한 게 예산인데요.

___ 1년 단위 예산이 아니라 장차 기금을 만들어야 합니다. 우리가 영화를 볼 때 얼마씩 기금으로 나가는 금액이 있죠. 의료보험도 일종의 기금 재원을 마련하는 것처럼요. 국민도 납부하고 국가도 일부 부담하는 방법이죠. 일단 큰돈 주머니가 있고 필요

할 때 찾아 쓰는 게 기금인데요. 학습할 때도 내가 마음대로 빼 쓸 수 있는 기금이 있다면 얼마나 좋을까요?

상상만 해도 즐겁습니다.

___ 학습할 때 내가 쓸 수 있는 기금이 존재하는 것이죠. 아이 가 태어날 때, 출생신고 즉시 평생학습기금 계좌를 열어 주는 거 예요. 국가가 산모에게 출산장려금을 주는 것처럼 아이에게도 기 금과 연결된 평생학습계좌에 축하금을 주는 거죠. 예를 들면 '아 이야, 태어난 거 축하한다, 여기 평생학습계좌에 쌓이는 돈은 앞 으로 네가 커서 학습할 때 쓸 수 있어.' 이런 식이죠. 이 계좌에 쌓이는 돈은 공부할 때 쓰는 돈인 거예요. 결혼으로 이주로 여러 이유로 경력이 단절된 여성들에게는 '당신들이 공부할 때 필요한 돈이 있다, 이 돈으로 공부해서 새로운 경력을 찾으면 좋겠다'는 의미이죠.

그런 재원을 어디서 마련할 수 있을까요?

___ 아직 아이디어 차원이지만, 예를 들어 연말정산을 하면 소득세를 환급하잖아요. 올해 환급금이 100만 원이라면 다 안 받 고 일부는 내 평생학습기금 계좌에 넣어 두는 것이죠. 만약 국가

에 세금을 더 내야 하는 경우라면, 그중에 일부는 국고로 안 들어 가고 내 평생학습기금 계좌로 들어갈 수 있게 합니다. 카드 마일 리지, 포인트도 계좌로 적립할 수 있고요. 재원을 마련하는 방안 은 다양하게 고려할 수 있다고 봅니다. 다만, 이 계좌의 돈은 반 드시 학습에 써야 하고, 또 자격 요건을 갖췄을 때만 쓸 수 있게 하고요. 여기에 유급학습휴가가 더해지면 금상첨화입니다.

유급학습휴가제도요?

_____ 10년 일하면 1년은 학습휴가제도를 쓰게 하는 제도 어떤 가요? 학습 계획은 자신이 스스로 세우고, 평생학습기금에서 학 습비를 찾아서 대학원을 다니든 다른 공부를 하든 학습하는 데다 가 쓰자는 겁니다. 저는 이 학습휴가제도가 생긴다면 중소기업 노동자부터 시행하면 좋겠어요. 대기업은 상대적으로 교육 혜택 이 많잖아요. 국가가 유급의 학습휴가제도를 시행하고 평생학습 기금을 만들어 제공한다면, 경력 전환할 때 안정적으로 공부할 수 있으니 좋지 않겠어요? 어떤 일이든 10년 하면 고갈됩니다. 유급학습휴가제도와 평생학습기금을 통해 평생학습을 지원하는 것이 필요하다고 봅니다. 평생교육 바우처 사업으로 학습비 지원 의 첫걸음을 뗐는데요, 보편적인 제도로 확장해 국민 누구나 이

용 가능할 수 있도록 하는 겁니다. 시간 문제는 학습휴가제도로 해결하고요. 비교적 장기간으로 3개월, 6개월, 1년을 쓸 수 있도록요. 우리 평생교육법에 학습휴가제도가 이미 있어요. 정부가 좀 나서서 활성화할 필요가 있다고 봅니다.

네, 첫 번째 방향성인 교육의 기회를 확대하기 위한 한 축에 대해 말씀해 주셨고요, 다른 한 축은 무엇인가요?

___ 지금 우리 사회에서 디지털 전환이 급속도로 일어나고 있어요. 평생교육 관련해서도 디지털 플랫폼을 국가 차원에서 제대로 구축할 필요가 있습니다. 평생학습에 관한 관심이 엄청나게 일어나는 시기에요. 이런 상황에서 민간 시장 영역은 금방 성장하죠. 소비 여력이 있는 사람은 평생학습에 참여하려는 의지가 높아요. 쉽게 말하면 민간 시장에서 평생교육 서비스 상품을 내면 돈이 된다는 거예요. 이 시장화가 급속도로 진행될 가능성이 커요. 하지만 평생교육도 국가가 책무성을 가진 교육 아닌가요? 그렇다면 디지털 전환에 걸맞은 보편적인 행정적·재정적 지원을 국민 누구나 누릴 수 있도록 해야 할 필요가 있고, 이를 통해 더 많은 국민이 서비스 혜택을 누릴 수 있어야 합니다.

새로운 평생학습 디지털 플랫폼을 구축할 계획이라는 말씀이시죠?

___ 코로나19로 비대면과 온라인 사회를 경험했죠. 저는 디지털 평생학습 플랫폼을 하루빨리 구축해야 한다는 생각이 들었어요. 그래서 '온국민평생배움터'라는 디지털 플랫폼을 구축할 계획입니다. 2022년부터 시스템을 개발하고, 1~2년 후에는 국민 전체가 활용할 수 있는 디지털 평생학습 플랫폼을 개통하려고 합니다. 이곳에서 평생교육과 관련된 다양한 정보를 획득하고, 온라인으로 제공되는 다양한 양질의 평생교육 콘텐츠로 학습할 수 있도록요. 이 플랫폼 안에서 학습관리 시스템도 함께 구동되게 해서, 플랫폼 안에서 학습한 내용으로 이력 관리까지 연계될 수 있는 디지털 평생학습 체제를 갖추는 것이 바로 다른 한 축에서 해야 할 일이라고 봅니다. 이 사업으로 국민이 평생교육을 잘 누리고, 각자 기대하는 여러 가지 삶의 전환을 잘해 나갈 수 있을 것이라고 기대합니다.

K-MOOC와 다른 플랫폼인가요?

___ 그것도 일부분이죠. K-MOOC는 고등교육 수준에서 양질의 콘텐츠를 제공하는 플랫폼입니다. 고등교육 학점 이수와 연

동된 강좌도 많고요. 그런데 K-MOOC 외에도 온라인상에서는 다양한 콘텐츠를 제공할 수 있잖아요. 다양한 콘텐츠에 국민이 더 쉽게 접근하고, 이력도 관리하면서 사회적으로도 인정받는 디지털 플랫폼을 만들려는 계획이에요. '온국민평생배움터'라는 디지털 플랫폼 예산이 국회를 통과해서 올해 구축을 시작하게 됩니다.

포스트 코로나 시대에 평생교육의 과제는 무엇일까요?

___ 코로나19 시대를 거치면서 지금도 우리가 선명하게 확인하는 것은 사회경제적으로 약한 사람들이 가장 피해를 많이 보고 있다는 점입니다. 대기업이라고 다 잘나가는 건 아니지만, 큰 기업들에게 코로나19가 오히려 큰 기회가 되었어요. 반면 중소자영업자들은 정말 큰 피해를 입었어요. 코로나19로 인한 사망자 통계를 보면 60대 이상 인구 중 저학력자와 무학력자 비율이 굉장히 높아요. 학력이 낮을수록 코로나19로 사망할 확률이 높다는 이야기이죠. 이건 외국도 마찬가지이고요. 코로나19로 학교는 온라인 수업으로 전환했지만, 개발도상국은 실제로 온라인 수업을 할 여건이 안 되었죠. 선진국과 비교하면 학령기 학생의 학업 결손 수준이 달라요. 만약 이 사태가 장기화한다면 어려운 나라들

은 더 어려워지고 발전한 나라들은 더 발전하는, 즉 국가 간 격차가 더 벌어질 겁니다. 일각에서는 포스트 코로나 시대는 V자로 반등하는 시대가 될 것으로 예측하는데, 저는 K자로 양극화가 확실해질 것으로 전망합니다. 사회 양극화를 완화하는 역할은 사회 제반 분야가 해야겠지만, 교육 양극화는 어떻게 해결할지 고민해야 할 거예요. 평생교육도 마찬가지입니다. 이 양극화를 완화할 방법을 어떻게 찾을지가 가장 중요한 과제이죠. 사실 코로나19 이전부터 다 아는 문제였어요. 사회경제적으로 약자는 평생학습의 기회가 적고 실제 참여하는 비율도 적어요. 이분들에게 어떻게 하면 더 많은 기회를 줄 수 있을까, 이분들이 평생학습에 참여했을 때 성과가 삶의 질 향상으로 이어지도록 더 체계적으로 지원할 것인가 등이 더 중요해질 것으로 봅니다.

100세 시대입니다. 생애 주기별 평생교육, 개인은 어떻게 준비할까요?

_____ 행복해지면 제일 좋죠. 평생교육에 참여해서 행복해지는 분도 있고, 등산을 잘 다녀서 행복해질 수도 있어요. 100세라고 해서 모두 평생학습을 받아야 행복해지는 것도 아니고요. 어떤 분에게는 평생학습이 절실할 수 있지만, 다른 분에게 아닐 수도

있는 것처럼요. 하지만 각자 어떤 직면한 상황은 다들 다르겠지만, 평생학습에 참여하는 일이 적어도 손해 보는 일은 아니라는 이야기를 드리고 싶어요. 공부해서 남 주냐는 이야기가 있죠? 공부는 사실 남 주려고 하는 거예요. 공부한 내용을 자기 안에 꼭꼭 쌓아 두는 것이 아니라, 우리가 공부하는 것들이 자신을 통해 다른 사람에게 흘러간다고 생각합니다. 잘 흘려보내면 더 행복하겠죠. 평생학습에 참여하는 것이 그런 면에서 행복한 삶을 사는 데 긍정적인 도움을 줄 가능성이 매우 커요. 그러니 별로 관심이 없던 분들도 평생학습에 참여해서 행복한 100세 시대를 살아가면 좋겠습니다.

6장

서구추격형 모델을 넘어
지역이 중심이 되는 교육 대전환
(국가교육의 방향)

김진경
국가교육회의 의장

충남 당진 출생. 서울대 국어교육과를 졸업하고 같은 학교 대학원 국어국문학과에서 석사 학위를 받았다. 1974년 『한국문학』 시부문 신인상 당선으로 등단했으며, '5월시' 동인으로 활동했다. 한성고·우신고·양정고·전동중에서 교사로 일했다. 1985년 교육 개혁을 부르짖은 『민중교육』지 사건으로 해직과 옥고를 치른 후 교육운동에 투신했다. 1989년 초대 정책실장으로 전교조 창립을 주도했다. 대통령비서실 교육문화비서관, 중국 쑤저우(蘇州)대 초빙교수를 역임했다. 대통령직속 국가교육회의 기획단장(1기)을 거쳐 현재 국가교육회의 의장(2~4기)으로 있다. 시집 『갈문리의 아이들』, 『광화문을 지나며』, 『우리 시대의 예수』, 『슬픔의 힘』, 장편 소설 『이리』, 어른을 위한 동화 『은행나무 이야기』, 교육에세이집 『스스로를 비둘기라고 믿는 까치에게』, 어린이책 『한울이 도깨비 이야기』, 산문집 『30년에 300년을 산 사람은 어떻게 자기 자신일 수 있을까』 등 다양한 책을 썼다. 한국 최초의 판타지 연작 동화인 『고양이 학교』로 프랑스 아동·청소년문학상 앵코립뤼블 상을 받았다.

◆

코로나19, 닫힌 학교 문을 열다

코로나19 이후 우리 교육이 예전으로 돌아가서는 안 된다는 점에 모두 동의할 겁니다. 코로나19가 우리 교육에 끼친 가장 큰 영향은 무엇이라고 생각하십니까?

___ 많이 주목하지 않았던 부분을 이야기하고 싶어요. 크게 주목하는 부분은 바로 우리 학교입니다. 그동안 학교는 중앙집중적이고 폐쇄적이면서 지역과는 크게 관련없이 운영되었어요. 그랬던 학교가 코로나19로 인해 확 열렸습니다. 수업도 학교 밖에서 하게 되었고, 인터넷을 활용해 공부하게 되었습니다. 공부 말고는 또 뭐가 있을까요? 학교가 수업만 하는 곳이었다는 인식이

깨졌어요. 수업만 하면 된다고 생각하는 학교에서 돌봄까지 부담하고 있었다는 사실이 전 국민에게 인식된 것이죠. 코로나19로 인해 '학교＝수업'이라는 기존 관념이 바뀌고, 학교에 가지 못하면서 혼자 방치되는 아이들이 생기는 문제도 드러났고요. 그러니까 산업사회의 지식전수 중심의 학교 체제로는 더는 지속 가능하지 않고 근본적인 변화가 필요하다는 인식이 퍼지게 된 것이 코로나19가 가져온 가장 큰 영향이라고 봅니다. 아마 앞으로 있을 학교 변화에서 큰 모멘텀이 될 것이라고 봅니다.

학교가 수업을 통해 지식 전달만 하는 곳이 아니라, 사실 돌봄 영역까지 부담하고 있던 곳이라는 지적이네요. 또 다른 부분도 있을까요?

_____ 또 하나는 디지털과 관련된 겁니다. 우리나라를 IT강국이라고 부르는데요. 기술력 문제보다 핵심을 봐야 해요. 오늘날 우리 사회에 디지털 기술이 없었던 것은 아닙니다. 본래 디지털 기술은 무한하게 관계를 확장하는 본질을 갖고 있는데, 우리 제도권 교육에서는 그렇게 확장하지 못했다는 말이죠. 산업사회의 분절적 시스템 체제의 영향으로 상하로도 그렇고 영역 간에도 무한한 분절이 일어나 있었어요. 산업사회의 분절적 시스템과 법제도

가 경계를 허물고 관계망을 무한히 확장해 가는 디지털 사회의 실현을 가로막고 있었다는 사실입니다. 그렇게 분절된 시스템과 디지털이 부딪힌 것이 코로나19로 인해 전면적으로 드러났다고 봅니다.

디지털 시스템은 이미 학교 안에서 작동하고 있었는데, 그것이 분절된 형태로 작동했던 한계가 드러났다는 지적이신가요?

___ 그렇습니다. 구체적으로 살펴볼까요? 코로나19가 전 세계를 덮치고 학교도 문을 닫았어요. 일단 비대면 수업을 진행해야 했는데, 온라인 수업에 접속하니 서버가 다운되기도 했죠. 물론 초창기 이야기입니다. 600만 명이 동시에 안정적으로 접속할 수 있는 교육플랫폼이 구축되지 않아 잠시 애를 먹었지만 단기간에 다 해결했어요. 기술력이 없었던 게 아니란 이야기이죠. 다만, 플랫폼이 여러 개로 분절되어 있었고 또 이런 디지털 플랫폼을 최소한으로 구축해 왔는데, 이걸로는 부족했다는 말이죠. 이 분절된 디지털 시스템 문제를 푸는 게 우리 사회 전체가 디지털 강국으로 가는 핵심 지점입니다. 코로나19가 닥치고도 아직 이 문제를 해결하지 못했다면 지금도 또 앞으로도 그 문제 상황이 계속해서 나타날 수 있는 거예요.

좀 더 구체적으로 설명해 주세요.

_____ 제도적인 측면으로 이야기해 보면, 우리나라는 법령상 제도교육 영역에는 디지털 대기업이 참여할 수 없습니다. 교육 부문에 들어올 수 있는 디지털 관련 기업은 중소기업뿐이에요. 물론 법의 취지는 좋습니다. 대기업이 교육 플랫폼을 장악할 수 없게 한다는 취지니까요. 하지만 작은 기업들이 들어와서 어떤 영역을 20년~30년 맡으면서 스스로 기득권이 되어 버린 겁니다. 기득권화되면서 결국 또 분절된 상황이 되었죠. 이렇게 산업사회에서 분절된 부분을 넘어서서 디지털 시대에 어떻게 사회가 전환되어야 할지가 전면적으로 드러났는데, 아직 손을 대지 못한 것이죠. 오랜 세월이 지나다 보니 관련 중소기업들과 관료 시스템이 유착되기도 했을 것이고요. 이러한 법제도 관행이 오래 이어지면서 디지털 기업과 기업들의 관계가 상당히 왜곡되어 있는 상황이라고 봐요.

대기업에 문을 개방하는 방법은 요원할까요?

_____ 어떻게 역할 분담을 조정할지 굉장히 어려운 숙제예요. 제 생각에는 기업 간 분업에서 크게 하드웨어를 감당하는 부분은 대기업에서 하고, 첨단 앱은 중소기업이 감당하게 분업해야 한다

고 보는데, 분업이 좀 엉뚱하게 되어 있어요. 교육 분야에 중소기업만 들어올 수 있는 구조이니까요. 쉽게 말하면 교육 분야로 진출하는 중소기업은 A부터 Z까지 다 감당해야 하는 거예요. 기술력은 대기업보다 당연히 떨어지죠. 교육 부문에서 보면, 아이들이 일상생활에서 학교 밖에서 하는 게임 같은 익숙한 디지털 기술보다 학교가 더 뒤떨어져 있는데, 과연 아이들 학습에 도움이 될까요? 디지털 기기들도 마찬가지예요. 기기 사용 면에서도 시간적 한도가 얼마 남지 않은 기기들이 자꾸 학교에 들어오고 있다는 말이죠. 이런 부분을 해결해야 합니다. 정말 중대하게 생각해야 할 문제입니다.

최신 디지털 기기와 첨단 교육앱을 학교와 아이들에게 제공하는 일도 중요하죠. 하지만 구글 등 외국 플랫폼을 사용하면서 데이터들이 유출된다는 우려도 있어요.

＿＿＿ 그렇죠. 우리나라 디지털 시장에서 대기업도 진입에 한계가 있고, 어쨌든 비대면 수업을 해야 하니 다들 구글을 이용하게 되었어요. 그러면 콘텐츠가 다 외국에 쌓여요. 그러니까 우리나라 대기업들의 디지털 플랫폼이 세계적인 수준으로 가려면 당연히 교육을 제대로 품어야 할 텐데, 중소기업을 보호한다는 명분

으로 오래전부터 대기업은 하지 못하게 정해져 있어요. 이에 대한 이해관계가 이미 넓게 형성된 상황이고요. 코로나19로 비대면 수업을 하면서 학급 수업 콘텐츠들이 쌓이는 게 없지 않나요? 제대로 갖춰서 진행했더라면, 우리나라 디지털 기업들이 세계적으로 성장할 수 있는 기회였는데도 말이죠. 비대면 상황에서 디지털 소통의 전면화는 어느 플랫폼 앱을 쓰느냐에 따라 콘텐츠 주권 문제를 일으킬 수 있는 중대한 사안입니다.

우리나라도 교육부와 한국학술정보원(KERIS) 등에서 데이터를 다루고 있지 않나요?

___ 물론 있습니다. 분절된 시스템이 문제이죠. 우리나라가 IT 강국이다 보니 교육부, 한국학술정보원에서도 데이터를 모두 다루고 있습니다. 그런데 시기마다 리뉴얼을 하고 있지만, 법 제도상으로 활용할 길이 없어요. 데이터를 쌓고만 있지 활용하지 못하고 있다는 말이죠. 분절적인 사회 시스템이 초래한 굉장히 어려운 상황이죠. 디지털 시대로 가려면 이런 산업사회의 분절적인 행정 시스템을 극복해야 한다는 사실이 이번 코로나19 팬데믹으로 굉장히 명료하게 드러났습니다. 전반적으로는 산업시스템의 한계를 드러냈고, 미래 사회에서 학교와 지역사회가 어떤 관계로

전환해야 할지 문제도 드러냈죠. 디지털 첨단기술 문제만 자꾸 말하는데 이에 대한 변화 요구가 구체적으로 드러났다고 봐요.

\# 국민이 바라는 대한민국 교육의 모습은 무엇일까? "즐거운 유치원 만들어 주세요", "학교가 재미있으면 좋겠어요", "입시 위주로 교육하는 게 너무 싫어요", "학생 개개인의 특성을 생각하는 그런 교육이 되면 좋겠습니다", "아이들 교육에 서열화를 없애 주세요", "사교육비가 덜 드는 교육이 필요합니다" – '대한민국 새로운 교육 100년과 국가교육위원회' 국회 정책토론회(2019년 2월) 상영 영상 中

국가교육회의와 국가교육위원회

잘 알겠습니다. 코로나19 이후 한국 교육이 나아가야 할 방향에 대한 의장님의 이야기는 뒤에서 더 자세히 여쭤 볼게요. 국가교육회의는 '백년지대계' 교육의 미래를 그리기 위해 2017년 출범했습니다. 교육에 관심이 있는 국민이라면 익히 들어 알고 있겠지만, 아직도 국가교육회의를 모르는 국민이 있을 것 같아요. 국가교육회의가 언제, 어떤 문제의식으로 출범했는지 간략하게 소개를 부탁드릴게요.

___ 2017년 문재인 정부 국정과제로 중장기 교육정책 수립을 위한 '국가교육위원회' 설치를 추진했습니다. 당시 대통령께서 '국가교육회의가 교육 개혁에 대한 사회적 공론을 모으고 국민적 합의를 이끌어 내는 역할을 해 주시길 바란다'라고 말씀하셨어요. 국가교육회의는 대통령직속 자문기구로 국가교육위원회 설치에 앞서 교육혁신과 중장기 교육정책 논의를 주도하기 위해 설립되었습니다. 지금은 4차 산업혁명 시대를 맞아 삶의 질을 높이는 사회적 성숙을 추구해야 할 시기인데요. 여기에 더는 선진국 모델이 있을 수가 없습니다. 우리 스스로 길을 찾아 나가야 하죠. 국가교육위원회는 우리 스스로 길을 찾아 나가기 위해서 아래로부터 국민적 지혜와 사회적 합의를 모으기 위해 만들어야 하는 기구이고, 이를 위해 국가교육회의가 2017년 출범해 지금까지 한국 교육에 대한 국민의 관심사와 요구 사항을 경청해 왔습니다. 교육에 대한 국민의 요구를 크게 나눠 보면 교육의 예측 가능성 제도화, 정치적 중립성 확보 및 정권으로부터 독립성 확보, 범사회적 합의, 중장기 교육방향 설정, 평생학습 사회 대비, 교육행정 칸막이 해소 등으로 요약할 수 있겠는데요. 이런 의제들은

올해 7월에 출범할 국가교육위원회에서 본격적으로 논의될 것이라고 봅니다.

국가교육위원회는 왜 필요합니까?

___ 국가교육위원회 설치는 2002년 대선 때부터 여야를 가리지 않고 공약으로 나왔죠. 그러니까 정권이 바뀔 때마다 교육정책이 바뀌고 입시제도가 변경되면서 학생과 학부모들의 혼란이 반복되었어요. 정권으로부터 독립적인 교육정책 결정 기구가 필요하다는 데는 이미 2002년부터 공감대가 형성되었다는 말입니다. 특히 교육정책 역시 계속 바뀌었지만, 상위권 대학 진학을 위한 경쟁이라는 기본 틀은 달라지지 않았죠. 입시 경쟁만 공정하게 한다고 해서 계층 상승을 할 수 있는 사회가 아니에요. 그럼에도 여전히 상위 20~30% 아이들의 대학 입시 문제만 논의되었던 것이죠. 나머지 70~80%의 아이들은 자신이 원하는 진로를 정할 수 있는 계기도 찾을 수 없고, 어떻게 사회로 진출할지 그 경로를 학교에서 알려 주지도 않았습니다. 게다가 대학 졸업 이후 직업교육 역시 어려운 상태고요. 상위 20~30%를 제외한 나머지 아이들도 다른 길이 없으니 똑같이 대입 경쟁에 매몰되고, 그러다 보니 직업교육을 해야 할 전문대에서도 4년제 대학과 구분

되지 않는 학과를 설치해요. 직업과 상관없는 학과들인데 말이죠. 국가교육위원회는 이런 큰 틀의 의제들을 논의하는 역할을 담당해야 할 겁니다. 10년 단위 이상의 중장기 교육정책을 수립하면서요.

교육부도 있는데 굳이 만들어야 할까요?

____ 현행 교육부 중심의 하향식 정책 추진 방식으로는 일관성 있는 교육정책 추진과 중장기적 교육방향 설정 등의 한계가 있다고 한 번 더 말씀드립니다. 교육부는 시급한 현안 과제에 매몰되어 중장기적 교육정책 방향을 설정하기가 현실적으로 어렵고, 교육개혁과제 추진 과정에서 발생하는 사회적 갈등으로 도출된 정책이 유보되거나 폐기되는 상황이 반복되고 있어요. 게다가 교육부 장관의 짧은 교체 주기도 문제입니다. 문민정부(1994년)부터 현재 2022년까지 교육부 장관의 평균 재임 기간은 1년 정도예요. 현행 대통령제하에서 교육정책은 정치권과 소수의 전문가에 의해 5년 단위로 수립되고, 교육부에 의해 집행될 수밖에 없는 구조적 한계를 지니고 있고요.

국가교육위원회가 '옥상옥(屋上屋)'이 될 수도 있다는 지적이 있습니다.

____ 국가교육위원회와 교육부는 기능과 역할이 구분됩니다. 국가교육위원회가 사회적 합의를 통해 교육 비전과 중·장기적 교육목표를 제시하면, 교육부는 그 방향에 맞춰 구체적 계획을 수립·집행해 나갈 예정이죠. 문재인 대통령께서도 2021년 1월 18일에 열린 신년 기자회견에서 "교육부를 아예 없애거나 기능을 최소화하는 등 일거의 변화는 어려우며, 국가교육위원회는 국가 교육정책의 기본 방향과 정책들을 논의해 결정하는 역할을 하고, 교육부는 이를 실행하는 체제로 점진적으로 접근하겠다"라고 말씀하셨고요. 따라서 중·장기 정책 수립 등은 국가교육위원회가 담당하고, 학생 안전 등 국가 수준의 지원이 필요한 유·초·중등 사무와 고등·평생학습 등은 교육부가 수행하도록 해서 상호 견제와 균형의 원리에서 양 기관의 역할을 구분할 겁니다. 교육부가 2020년 10월 5일에 발표한 '코로나 이후, 미래교육 전환을 위한 10대 정책과제(안)'에 따르면, 교육부는 미래형 교육을 수행할 수 있는 유연하고 효율적인 조직으로 전환하고, 유·초·중등 사무는 원칙적으로 시도교육청과 단위학교로 이양할 예정입니다.

지난 4년 동안 국가교육회의는 여러 차례 국민참여 토론, 숙의 과정을 진행했습니다. 분야별로 국민과 전문가는 우리 교육의 어떤 부분의 개선에 집중했고, 어떤 논의가 오갔는지, 어떤 대안을 제안했는지 궁금합니다.

___ 국민과 청년이 제안한 의제들은 크게 디지털 전환, 입시제도 개선, 참여와 자치 확대, 교원 역할 재정립, 돌봄체제 정비 등이었어요. 2020년 활동한 1만여 명의 국민참여단이 선정한 10대 미래교육 의제를 설명할게요. 첫 번째는 개인별·지역별 교육 불평등 극복을 위한 포용적 교육체제 구축입니다. 두 번째는 IT인프라·온/오프라인 융합형 교수학습·데이터 기반 학교 교육을 위한 디지털 기반 교육체제 구축이고요. 세 번째는 교육체제의 변화에 대응해 교원의 역할을 재정립하기 위한 교원 양성·재교육시스템 구축과 인사제도 개선이었어요. 네 번째는 민주시민·세계시민교육, 기후·환경·생태·문화예술·철학·인문학·역사교육 등 시대정신을 반영한 교육 내용의 변화였습니다. 다섯 번째는 코로나19, 학령인구 변화, 에듀테크 등으로 인한 미래 교육환경 변화였는데요. 이에 따른 수업과 학습 공간혁신 및 지원체제를 구축해 달라는 요청이었고요. 여섯 번째는 저출산 시대에 대비한 유아교육의 공공성 강화와 유아교육법 정비였습니다. 일

곱 번째는 학생의 잠재능력을 평가하고 미래지향적 가치를 담을 수 있는 대학입시제도의 개선이었어요. 여덟 번째는 국가적 돌봄 지원체제 정비였고, 아홉 번째는 국민의 생애학습권 보장을 위한 평생학습체제 구축이었습니다. 마지막 열 번째는 주민자치, 일반자치, 교육자치가 함께하는 긴밀한 협력과 협치 체제를 구축해야 한다는 것이었어요.

방대하네요. 거의 교육에 대한 모든 이슈가 포함된 것 같습니다. 그중 청년들은 어떤 제안을 했나요?

_____ 1만 국민참여단 제안과 대동소이하지만 좀 더 구체적이었어요. 크게 다섯 가지인데요. 첫 번째는 내 삶을 설계할 수 있도록 '진로교육의 내실화'가 필요하다고 했죠. 두 번째는 내 삶을 주도할 수 있도록 '학생 참여 및 선택권 보장'을 요청했습니다. 세 번째는 내 삶을 가꾸어 갈 수 있도록 '교육과정'을 설계해 달라고 했고요. 네 번째는 내 삶을 바꿔 갈 수 있도록 '디지털 학습환경 조성'을 요구했습니다. 마지막으로 삶을 닮은 교육과 맞닿은 '공정한 평가 시스템 구축'이 필요하다고 제안했습니다.

전문위원회에서 제안한 내용도 비슷하겠죠?

___ 그렇습니다. 우선 학습자의 삶을 중심으로 하는 교육과정의 분권화와 적정화, 교육과정 개발 체제의 혁신을 제안했죠. 이어 교사 역할 변화와 교원양성체제 개혁 요구가 있었고요. 또 지역기반 직업교육 혁신방안, 평생학습대학 모색에 대한 제안도 있었습니다. 마지막으로 교육 거버넌스 참여를 위한 주민협력 플랫폼 구축도 제안했고요.

국민참여단, 청년·청소년자문단과 여러 차례 진행한 토론과 숙의에서 찾은 우리만의 교육 모델이 있을까요? 유아교육부터 평생교육까지 분야가 다양합니다만, 국민이 원하는 것은 무엇이었는지 궁금합니다.

___ 국가교육회의를 통해 전국 각지에서 또 온라인 플랫폼에서 이루어진 토론과 숙의들은 사실 추후 출범할 국가교육위원회의 시운전이라고 볼 수 있어요. 추상적 수준으로 큰 논제들을 찾아내는 정도로 이해하면 될 것 같아요. 중장기 교육 방향 설정, 교육 행정 칸막이 해소 등 토론과 숙의에서 도출된 제안은 국가교육위원회에서 구체적으로 추진할 수 있을 것으로 봅니다. 다만, 여기서 드러난 것 중 주목할 부분이 바로 국가교육위원회가 하고자 하는 교육 전환의 핵심이라고 볼 수 있는데요. 이는 국민

참여단 운영에서 어떤 내용이 어떻게 나오느냐의 수준을 넘어서서 지금까지 교육 내용과 교육이 행해졌던 방식과 전반적인 사회 시스템 자체에 대한 의문이 있었다는 방증이죠.

교육 부문뿐만 아니라 전반적인 사회 시스템이 문제였다는 지적이네요.

___　우리나라 산업화 과정을 살펴보면 '서구모델 추격형' 산업화였죠. 교육 역시 서구에서 새롭게 생산된 지식을 빨리 받아들여서 짧은 시간 안에 많은 이들에게 주입하고 암기해서 빨리 선진국을 쫓아가야 한다는 것이 핵심 슬로건이었어요. 이것이 바로 산업화 시대의 학교 교육의 실체였습니다. 이런 시스템에서는 서구모델과 이론이 신성불가침의 영역이죠. 그랬기에 그 시대의 교육정책과 행정 시스템을 서구지식에 가장 정통한 전문가와 중앙의 정책 관료들이 담당했습니다. 전형적인 탑다운 식으로 시행하면서 관리 감독하는 시스템이었죠.

지금은 세상이 바뀌었습니다.

___　한국 사회가 여러 가지 큰 전환기를 지나면서 더는 산업화 시대의 시스템으로는 충분하지 않은 시기에 도달했어요. 우리

나라도 명실상부하게 선진국 대열에 진입했거든요. G7 회의에 초대를 받기도 했고요, 캐나다와 일본의 경제 규모를 곧 넘어선다는 전망도 나오고 있습니다. 이제는 우리가 따라갈 모델이 없는 거예요. 이 시점과 맞물려서 디지털 대전환, 기술적인 대전환도 일어나고 있죠. 산업사회의 후과(後果)로서 거대한 코로나19 사태, 환경과 기후 변화 등 거대화된 위기의 일상으로 접어들었습니다. 밖에서 어떤 모델을 갖고 와서 따라가는 것이 아니라 이제는 우리의 현실 속에서 현실을 읽어 내고 지혜를 모아 새로운 길을 만들지 않고서는 한 걸음도 더 나아갈 수 없는 상황에 이른 것이죠.

코로나19 팬데믹도 영향을 줬고요.

____   코로나19 팬데믹 상황이 되면서 오히려 우리나라가 모델이 되어 버린 겁니다. 그래서 교육관료, 중앙정부의 행정가가 정책 수립부터 만들어 내려보내는 상황이 맞지 않음을 알게 된 것이죠. 물론 이런 전문성과 지역 현장, 그리고 학교 현장의 구체적인 삶 속에서 올라오는 요구와 문제가 맞물려 답을 찾아가야 하는 상황이 펼쳐진 겁니다. 그러려면 정책도 달라져야 할 테고요.

정신력 강조하는 산업화 세대 vs 몸에 가치 부여하는 신세대

말씀을 듣다 보니 의장님의 판타지 동화 『고양이 학교』가 떠오르네요. 프랑스 아동문학상인 앵코립튀블 상도 받으셨죠. 이 책을 쓰시면서 생각했던 미래 학교의 모습이 있을까요?

_____ 그 책을 쓰게 된 계기가 바로 지금 논의되는 미래 사회를 향한 변화 때문이었어요. 사실 교육계에서 이야기하는 미래는 이미 1990년대 초반부터 확인할 수 있었습니다. 아이들의 변화를 통해서요. 저는 1984년에 해직을 당했어요. 저 말고도 1,500명의 교사가 전국교직원노동조합(전교조) 활동으로 해직을 당했다가 5년 후인 1989년에 복직했습니다. 그렇게도 그리워하던 학교로 돌아왔는데 아이들이 이미 달라져 있더라고요. 이른바 X세대였죠. 5년 전의 아이들과는 전혀 다른 아이들이 앉아 있는데, 이 아이들의 변화가 어떻게 왜 일어났는지 알 수가 없었어요. 복직된 교사들은 절규했습니다. 더러는 정신과 치료를 받기도 했고요. 그런데 자꾸 아이들을 보다 보니까 조금씩 알겠더라고요. 산업사회 세대의 의식 구조는 특성상 정신력을 굉장히 높게 평가하는 반면 몸의 가치를 낮게 평가해요. 그래서 몸의 것은 천한 것이고 정신과 이성으로 감시하고 억눌러야 할 것으로 봅니다. 그런

데 4~5년 사이에 아이들 의식 구조가 상대적으로 반대 방향으로 바뀐 거예요. 몸의 지위가 굉장히 높아지고, 정신이 낮아지는 변화가 일어났죠.

정신력을 중시하는 산업화 세대와 몸에 가치를 부여하는 신세대의 충돌이었군요.

___ 그렇습니다. 이런 변화에서는 산업화 세대의 의식 구조 시스템과 아이들의 사고방식이 충돌할 수밖에 없었던 거죠. 우리가 말한 교육의 미래는 이미 그때 학교 현장에 와 있었어요. 학교 폭력, 왕따, 교실 붕괴 같은 1990년대 이전에는 우리 사회에 없던 단어들이 생겨났죠. 학교가 한 30년 동안 안 변하지 않고 점점 괴리되면서 진짜 학교에서 교실에서 수업을 할 수 있을까 하는 지경까지 간 겁니다. 이런 점을 추적하다 보니까 아이들의 의식 구조가 이렇게 바뀌면 신화나 판타지 코드가 되겠더라고요.

몸의 지위를 높이 평가하는 것이 어떻게 신화나 판타지 코드와 맞는 걸까요?

___ 왜냐하면 산업화 세대의 의식 구조가 높게 형성된 이유는 농경사회와 산업사회의 특징이 인간의 몸을 통제하기 쉬워야 하

기 때문이에요. 몸의 가치가 낮은 걸로 인식해야 육체 노동자를 쉽게 부릴 수 있거든요. 즉, 통제가 쉬워진다는 말입니다. 그런데 인간의 몸을 통제할 필요성이 적어지는 사회에서는 이게 거꾸로 되는 겁니다. 아이들이 살아가던 1990년대는 지식기반 사회로 넘어가고 또 본격적인 소비사회로 전환되던 시기에요. 어려운 일, 힘든 일은 외국인 노동자가 대체하고 있으니 우리 몸을 통제할 필요성이 적어졌죠. 이런 변화가 불과 4~5년 사이에 일어났습니다. 인류 역사에서 몸의 지위가 가장 높았던 시대가 수렵 채취하던 신화시대였어요. 그때는 인간의 노동력이 결실을 좌우하는 게 아니라 자연이 주는 것을 소비하는 사회였거든요. 그렇게 신화를 공부하다 보니까 판타지 코드가 있더라고요. 아이들이 몰래 보는 책들도 다 판타지 장르이고요. 그런데 애들이 보는 책이 다 보니 좀 엉성하더라고요. 그래서 제대로 한번 이야기해 보자 해서 그 책을 쓰게 되었어요.

책에서는 모든 것을 하나로 동일화하고 획일화하는 '1'의 논리를 비판하면서 모험을 통한 회복을 이야기하셨죠. 우리 교육 현장에 의미하는 바가 큰 것 같아요.

＿＿ 모든 것을 하나로 동일화하고 획일화하는 '1'의 논리는 결

코 무지의 결과로 나타난 게 아니에요. 바로 차별체계와 학벌 같은 결과물 역시 시스템의 오작동으로 나타난 게 아니고요. '1'의 논리는 산업사회가 전쟁과 같은 극단적 폭력을 포함하는 총력을 기울여 구축한 것입니다. '1'의 논리를 실현하는 고도로 중앙집권적인 국가체제, 세계체제가 총력을 기울여 만들어 낸 것이 차별체계와 학벌 같은 결과물이죠. '1'의 논리를 넘어서 '다름'을 차이로 다양성으로 보며 상호 존중하는 분위기가 우리 교육 현장에서도 중요하다고 봐요. 미래 학교는 이런 방향을 지향해야 합니다. 이미 변화된 아이들과 변화하지 않은 학교 시스템의 괴리로 문제가 더욱 악화하면서 유사 ADHD가 전염병처럼 번지던 2000년대 초를 생각해 보세요. 아무 의욕 없이 교실에 앉아 있는 아이들, 이를 뾰족한 수 없이 바라봐야만 하는 교사…. 변하지 않은 획일적 교육 시스템을 바꾸는 것이 미래 학교가 지향해야 할 방향이라고 생각합니다.

학생 중심의 진로·직업교육과 고교학점제

학교 현장에서도 교육 비전의 수립이 절실하다는 이야기가 나온

지 오래인데요. 특히 교육 분야에서는 5·31 교육개혁안의 시대적 유효성이 다했음에도 이를 극복할 수 있는 비전 체계를 제대로 수립하지 못했다는 지적도 있습니다.

___ 1995년 5·31 교육개혁 이후 중장기 교육정책에 대한 비전이나 골격을 만들지 못한 것은 뼈아픈 사실입니다. 산업사회에서 지능정보사회로의 변화에 맞춘 새로운 비전과 정책 수립 기능을 만들지 않으면 계속 혼돈스럽고 길을 찾을 수 없겠죠. 그래서 국가교육회의가 지난 4년 동안 전국 각지에서 국민과 전문가의 의견을 계속해서 경청했던 겁니다. 국민이 요구한 우리 교육의 모습을 중장기적으로 확립해 나가기 위해서는 필연적으로 국가교육위원회의 출범이 절실했고요.

우리 교육은 그동안 지식 전달을 위주로 하는 철저히 교사 중심 시스템이었죠. 국가교육회의는 2020년 7월에 '학습자 중심 교육체계, 중심을 세우다'를 주제로 국가교육과정 혁신포럼을 열었어요. 학생이 중심이 되는 교육은 정말 가능할까요?

___ 학습자 중심 교육과정 역시 5·31 교육개혁에서 이미 언급되었어요. 다만 그걸로는 충분하지 않다는 겁니다. 학습자라고 하면 아이들의 삶을 다 제거한 채 실험실 같은 교실에 들어오는

아이들을 생각하는데요. 미래 학교를 생각하면 학습자의 삶을 중심으로 하는 교육과정으로 변화해야 합니다. 교육과정을 짜는 주체가 중앙정부에만 있는 것이 아니라 학교 현장과 지역에도 있는데요. 이런 부분이 2022 개정 교육과정에서 첫걸음을 뗐다고 봐요. 연내 출범할 국가교육위원회에서 무엇보다도 평가할 만한 점이 바로 청년 1명, 학생 1명, 학부모 2명을 의무적으로 위원에 추천하도록 했고, 광역자치단체 추천 1명을 당연직으로 넣도록 했으며, 상설 자문기구로 500명 정도의 국민참여위원회를 구성해 교육정책의 현장성을 높이려 한 점입니다. 아이들이 목소리를 낼 수 있는 최소한의 통로는 확보한 것이죠. 아이들이 앞으로 살아가는 동안에 여러 개의 직업을 갖게 될 텐데요. 안정된 직업이 부족해지는 사회를 살아야 할 때, 아이들에게 가장 중요한 능력이 무엇일까요?

지식은 아닐 것 같습니다.

＿＿＿＿ 지식은 아이들이 디지털 기기를 통해 인터넷에서 금방 찾아내요. 미래 사회에서 정말 아이들에게 필요한 건 직업과 연관해서 생각해 볼 수 있죠. A, B, C, D라는 직업이 있다고 가정해 봅시다. 아이들이 이런 직업을 번갈아 가지게 될 텐데요. 만약 이

들 직업이 아이의 관심 영역과 무관하게 여러 가지로 바뀐다면 굉장히 불행한 삶이 되겠죠. 먹고 살기 위해서 가져야 하는 직업이니까요. 그런데 이들 직업 중에서 예를 들어 한 친구가 청소년기를 지나면서 친한 친구가 자살하는 일을 겪었다고 칩시다. 그러면 자살에 자연스럽게 관심을 가지고, 자살 심리에 관해 연구하는 일을 할 수도 있겠죠. 그러다 자살 예방을 하는 사회복지기관으로 이직할 수도 있고요. 후에는 장의사 관련 업종에서 일을 할 수도 있을 거예요. A, B, C, D 직업 사이에 연관성이 있는 겁니다. 실업 기간이라도 뭔가를 좀 더 깊이 준비할 수도 있을 테고요. 미래 사회를 살아가는 데 아이들의 성장이 중요한 이유이죠. 그런 면에서 진로교육과 직업교육은 다른 것이고요.

진로교육과 직업교육은 어떻게 다른가요?

＿＿＿ 진로 교육은 아이들에게 자신의 인생 관심사를 찾도록 도와주는 거예요. 직업교육은 미래 사회에 빠르게 바뀌는 직업 중에서 평생학습을 통해 수시로 배워야 하는 것이고요. 아이들에게 자기 성장과 진로교육은 굉장히 중요한 문제입니다. 이 문제 해결의 실마리는 중앙정부에 있는 전문가들에게 있는 게 아니라 학교 현장과 아이들이 살아가는 사회에 있습니다. 물론 미래형 교

육과정을 과거처럼 중앙집중식 지식교육으로 짤 수도 있겠죠. 인류가 쌓아온 지식 중 무엇이 중요하고 이 과목은 몇 시간을 배워야 한다는 등 학문에 대한 교육이 60~70%를 차지하겠지만, 나머지 30~40%는 아이들이 자신의 관심사를 찾고 진로를 찾는 게 중요하다는 말입니다. 거듭 말씀드리지만, 그러려면 일방적으로 중앙정부, 교육부에서 정책을 만들어 내려보내고, 일선 교육청에서 관리·감독하는 현 체제로는 불가능하다고 봅니다.

국가교육회의는 2020년 7월 국회에서 '지역 기반 대학·직업교육 혁신방안과 지방정부의 역할 강화 포럼'을 열었는데요. 대학 서열화, 수도권 쏠림 강화가 뚜렷한 상황에서 이를 어떻게 변화시켜 나가면서 지역 기반 대학을 살릴지, 또 직업교육은 누가 맡아야 할지 등 어떤 논의들이 오갔는지 궁금해요.

_____ 지역 위기에 대응하는 지역혁신 체제를 수립할 필요가 있어요. 지역 고유의 혁신역량을 바탕으로 내생적 성장을 위한 지방정부, 지역기업, 지역대학을 주체로 하는 지역혁신체제를 수립해야 한다는 말인데요. 대학은 단순히 지역에 있는 게 아니라 지역사회를 기반으로 역할을 다할 수 있도록 제도 개편도 필요하다고 봅니다. 또 광역지방자치단체가 중심이 되어 지역의 교육기관

간의 정책적 벽을 허물고 학습자 중심형 고등직업교육 플랫폼도 구성해야 합니다. 시도평생교육진흥원이나 평생교육시설 같은 평생교육기관과 일반고·직업계고·전문대·폴리텍대·종합대 등 제도권 교육기관도 포함되겠죠. 또 평생학습포털, 사이버대학 같은 온라인 플랫폼, 산업현장, 직업교육기관도 모두 참여해 학습자 중심형 고등직업교육 플랫폼을 구성해야 합니다. 여기에 개인의 성장발달과정에서 다양한 경로를 보장할 수 있도록 일반교육과 직업교육의 연계성을 강화하는 플랫폼을 조성하기 위해 시도교육청의 적극적인 참여와 협력도 중요합니다.

진로교육과 직업교육의 중요성을 강조하시면서 학교가 지역사회와 연계해야 한다는 주장이신데요. 여전히 학교의 문턱은 높습니다.

____ 왜 교육의 주체가 폐쇄된 학교 시스템과 교원에게만 있나요? 지역 전체가 교육의 주체인데 말이죠. 이건 대입 제도의 핵심 문제가 발생하는 지점과도 맞닿아 있습니다. 그간 대입에서는 학생부종합전형이 문제였어요. 애초에 아이들 개인의 진로와 성장을 보자는 취지는 괜찮았습니다. 그런데 이 문제를 개인과 가정에 맡기니 어떻게 알 수 있겠냐는 거예요. 아이들이 스스로 찾

아 나가야 하는 자기 성장이나 진로 성장에 개인과 가정이 개입하면서 원하던 성과를 내지 못하고 있습니다. 이 부분을 지역사회가 공적으로 담보해야 한다고 생각해요. 고교학점제도 그렇게 가야만 성공할 수 있고요.

2025년 고교학점제 전면 시행을 앞두고 학생은 물론 교사와 학부모 모두 많이 우려합니다.

___ 예를 들면 주 5일 수업 중 하루는 지역사회 전체가 교사가 되는 방식입니다. 저는 이걸 '행복한 지(地)요일'이라고 부르는데요. 광역 단위로 그 지역의 모든 교육자원에 대한 플랫폼을 구축한 후에, 아이들에게 학교 밖으로 나가서 직접 하고 싶은 것을 선택해 수업을 듣는 것이죠. 5일 중 하루면 교육과정 전체의 20%예요. 그 정도를 아이들 스스로 짠 커리큘럼으로 해 보자는 겁니다. 학문적 관심이 있는 애들은 인근 대학에 가서 교양 강의를 들을 수도 있겠고요. 뭔가 만들고 싶은 아이들은 인근 공방에 갈 수도 있어요. 이 정도까지 가야 고교학점제가 성공할 수 있다고 봅니다. 그러면 이 교육과정을 직접 체험하고 난 후에 아이들이 쓰는 에세이는 내용을 속일 수도 없어요. 학생이 왜 그 과정을 선택했고, 과정을 진행하다 보니 어떤 깨달음을 얻었다고 누가

대신 써 줄 수 있을까요? 이 결과물을 정시든 수시든 30% 반영하라고 하면 굉장히 달라질 것이라고 봅니다. 고교학점제가 그 수준까지 나아간다면 우리 교육과정을 변화시킬 하나의 계기가될 수 있다고 봐요. 지금처럼 중앙정부가 일방적으로 교육 커리큘럼을 구성하고, 교육청이 관리 감독하고, 학교는 시행하는 기관이었던 시스템이 바뀌는 것이죠. 결국 국가 주도의 지나치게촘촘한 국가교육과정을 대강화(大強化)할 수 있고요.

초·중·고등학교 학교 현장을 학생친화적으로 변화시켜도 대학입시제도가 변하지 않으면 아무런 효용이 없습니다. 사교육 시장만 천문학적 규모로 발전시키지 않을까요?

____ 사교육에 대한 우려는 늘 있었죠. 완전히 없앨 수도 없고요. 하지만 지금보다 덜 소모적이 된다면 나아지는 게 아닐까요?

서울대와 지방대는 다르지 않다는 역설

국가교육회의가 출범한 후 국민의 기대를 한몸에 받았던 건 사실대입제도 개편 논의 때문이었습니다. 저 역시 현장을 취재했던 기억이 생생합니다. 하지만 결국 정시와 수시를 몇 퍼센트로 할지 등의 지엽적인 논쟁에 그치고 말았어요.

▬▬ 애초에 다루던 의제가 그렇게 와버렸던 것이죠. 하지만 대입제도 숙의 과정에서 깨달은 점도 많아요. 어떤 점이냐면 고교학점제가 지금은 아직 정착되지 않았고 앞으로 차차 아까 말씀드린 방향으로 가야 할 텐데요. 일단 대입제도가 국가고사인 대학수학능력시험(수능) 중심으로 갈지, 학생부종합전형 중심으로 갈지 이 저변에 매우 큰 주제가 걸려 있더라고요. 국민의 교육주권 행사 방식의 문제이죠. 우리나라 국민의 교육 주권 행사는 중앙정부를 통한 간접행사입니다. 이 방식밖에 없다면 그게 중심이 될 수는 있죠. 주권 행사를 못 하는 영역이니까요. 미국이 극단적인 사례예요. 카운티에서 주민들이 학교를 설립하고 이사회를 구성한 후 교장과 교사를 임명합니다. 주민들의 교육주권 행사가 학교에서 직접적으로 이루어지다 보니 이런 곳은 학생부 중심으로 가요. 늘 주민이 들여다볼 수 있으니 신뢰하는 것이죠. 하지만 우리는 교육 주권이 중앙정부로부터의 간접행사인데, 진짜 지방분권이 되어서 국민이 지역 주민으로서 직접 학교를 들여다봤다면 학생부종합전형이 신뢰를 얻을 수 있었겠죠. 그게 되지 않은 상태에서 가정과 개인에 맡기니 그걸 누가 믿느냐는 겁니다. 결

국 교육제도 문제와 맞물려 있음을 알게 되었는데, 그걸 빼고 논의하면 이해관계 다툼이나, 누가 더 주도적으로 할지에 대한 권력 다툼밖에는 안 되죠. 그래서 저는 대입제도가 제대로 작동하려면 지역과 연계된 커리큘럼도 있어야 하고, 국민이 직접 들여다보고 주권 행사를 하는 신뢰 있는 기록이 우선되어야 한다고 봅니다. 이런 것 없이 학생부종합전형이냐 수능이냐를 따지다 보니 결국 수능이 높게 나올 수밖에 없었던 것이고요.

지적하셨던 신뢰 문제는 그렇다고 치더라도 대학 서열화 문제는 어떻게 해결할 수 있습니까?

＿＿ 대학 서열이 왜 생겼는지를 먼저 봅시다. 최소한의 서열이 없을 수 없겠지만 우리나라는 너무 심하다는 거예요. 우리나라는 서구가 300년 동안 겪었던 변화를 30년에 압축한 축약형사회였습니다. 더구나 디지털 시대도 아니었고요. 그런 시대에서는 서구지식의 수입 통로에 얼마나 가까운가에 따라 대학 서열이 결정되죠. 서울대가 1번이고, 서울대와 가까운 곳이 2번이 되고, 그다음이 지방으로 내려가는 식이죠. 이건 서열화될 수밖에 없어요. 전체 학교 서열에서 어떤 서열 학교를 나왔느냐에 따라 산업사회에서 어떤 직업을 가질 수 있는지가 대체적으로 결정된 측

면이 있다는 겁니다. 그런데 이걸 해결하는 방식을 고민해 보면, 서울대와 지방대가 내용상 다를 게 없다는 것이 문제의 핵심이에요.

서울대와 지방대가 다르지 않다고요?

____ 분과학문을 가르치는 방식이 서울대와 지방대가 다를 것이 하나도 없습니다. 정부에서 지원을 많이 해주면 지방대의 서열이 올라갈까요? 아니에요. 이런 서구지식 프레임의 자체적인 전환이 아니라면 절대 깨지지 않을 겁니다. 지방대 교수들을 만나면 고등교육재정을 늘려 달라고 요청하죠. 전 거꾸로 지방대 교수들에게 질문합니다. 대구를 예로 들어보면, 대구가 섬유 산업으로 오랜 기간 호황이었는데 어떻게 섬유 명품 기업 하나 없이 그 산업 기반들이 다 사라져 버렸나요? 섬유도 디자인이고 스토리텔링, 나노기술, 인체공학을 결합하면 첨단산업이 될 수 있는데 다 어디로 간 거죠? 이건 지방대학이 지역 산업에 아무 역할을 하지 않았기 때문이라고 봅니다. 대학이 지역에 아무런 역할을 하지도 않아 놓고 지금 와서 재정이 부족하니 지원해 달라고요? 서울대에는 R&D 예산을 국가 재정의 얼마를 지원하는데, 지방대는 겨우 몇 퍼센트로 적으니까 더 줘야 한다는 논리인데

요. 그동안 지방대 교수들이 지역 관련 연구에 얼마나 비중을 두었나요? 서울대 교수나 지방대 교수가 모두 같은 걸 연구하고 있잖아요. 대학이야말로 인식의 전환이 필요해요. 그래서 저는 지방대 대학원 과정에라도 지역학 융합과정을 두라는 조언을 많이 합니다. 지역 공무원, 교원, 공공기관 종사자들이 지역학 비교과정으로 지역 연구 데이터를 쌓아가는 것이죠.

그러니까 예를 들면 서울대 교육학과와 지방대 교육학과에서 연구하는 주제가 비슷하다는 지적이네요.

___ 이걸 내용적인 측면에서 한번 들여다보자는 이야기예요. 우리나라 교육이 산업화 시대에는 굉장히 효율적으로 기능했죠. 필요한 인력을 교육해서 기업에 제공했고, 그들은 산업화 시대의 동력이 되었어요. 그런데 학생들은 행복하지 않았어요. 그럴 수밖에 없는 교육 시스템이었기 때문입니다.

맞습니다. 반세기 동안 한국이 이룩한 비약적인 경제 발전에 교육이 일정 부분 기여한 사실은 부정할 수 없죠. 실제 오바마 전 미국 대통령도 여러 번 '한국 교육을 본받아야 한다'라고 말하기도 했고요. 그런데 정작 교육 당사자인 학생들은 의장님 말씀처럼 행복하지 않아요. 외국에서 주목받는 'K-교육'이 정작 한국 학생을 만족시키진 못한 것이죠.

___ 여기서 저는 교육에서 '중심이 되는 지역성'을 세우는 것이 중요하다고 말하고 싶습니다. 내가 지금 있는 곳이 우주의 중심이란 것이 인간의 본성 아닌가요? 그런데 내가 있는 곳이 카오스(chaos, 혼돈) 상태라고 하면 내가 여기서 질서를 부여하고 창조해 낸다는 것, 그것이 바로 인간의 본성이라고 생각해요. 그런데 산업화 시대에는 창조적 본성을 억압하는 교육을 했습니다. 자기 소외적인 교육이었어요. 아이들이 행복할 수가 없었죠. 그래서 아이들이 자신이 사는 곳이 우주의 중심이고, 이곳에 질서를 부여해 자신만의 세계를 만들 수 있도록 교육이 전환되어야 한다고 봐요. 대학을 포함한 학교 교육의 핵심은 중심이 되는 지역성, 즉 자신이 사는 곳이 중심이고 자신이 그곳에서 질서를 창조하고 부여해 나가는 사람이라는 사실을 깨닫도록 하는 것입니다. 지역의 역사와 삶을 귀중하게 여겨야 한다는 말이죠.

산업화 시대의 중심지는 서울이었습니다.

___ 그렇습니다. 바로 서울이 첫 지역이었죠. 그런데 지금도 우리가 서울을 지방으로부터 중심이라고 생각하면 앞으로 나갈

수 없어요. 서울이라는 도시도 구체적인 역사가 누적된 곳이에요. 그런 사실을 발견해 내는 전환이 일어나지 않으면 교육도 더는 한 걸음 나갈 수 없습니다. 예를 들어 볼게요. 저희 세대는 시골에서 살다가 도시로 나왔어요. 지방에 태어났는데 공부도 곧잘 하고 그러면 어른들이 인근 큰 도시로 가라 아니면 서울로 가라 그러셨어요. 그러다가 정말 공부를 잘하는 아이에게는 미국으로 가라고 했죠. 거기서 서구의 선진 지식을 배우고 돌아와서 후진적인 조국을 발전시키라는 의미였죠. 그러니까 자신이 태어난 곳이 중심이 아니었던 겁니다. 그러니까 세계의 중심은 미국, 서구의 나라들이고 우리 고향 시골은 변방의, 변방의, 변방이었죠. 대도시로 서울로 미국으로 가면 성공한 인생이고, 시골 고향에 남으면 패배자이자 낙오자라는 인식이었습니다. 이런 인식을 반대로 뒤집지 않고서 어떻게 대학 서열이 해소될 수 있겠습니까?

교육만 그런 것이 아니라 전 분야에서 그런 인식이 있었던 것 같습니다.

＿＿ 맞아요. 빠른 속도로 추격형 산업화를 추진하다 보니, 우리 사회가 빠르게 발전할 수 있었던 건 사실이에요. 운동 분야에서도 축구를 예로 들면, 일명 '선수 축구'라고 하죠. 몇몇 선수에

게만 에너지를 집중시켜 세계대회에서 순위권에 입상하기도 했는데요. 이런 일련의 과정에서 대다수 국민은 오히려 소외되고 에너지가 떨어졌어요. 반면에 그렇게 했기 때문에 빠른 발전이 가능했죠. 지방 도시를 가보면 구도심을 공동화시키고 신도심으로 나가는 형태예요. 그러니 산업화도 하드웨어 방향에서 기존 것을 소멸시키면서 새로운 것을 만드는 방식으로 진전되었어요. 그러면서 하드웨어 첨단산업 중심에 도달했는데, 여기서 급진전한 자동화라는 문제에 맞닥뜨린 것이죠. 공장을 아무리 크게 지어도 일자리가 늘지 않아요. 이런 방식 자체가 산업화 시대 구조 안에서는 당연히 교육 서열화를 양산할 수밖에 없어요. 안정적인 일자리를 향한 경쟁은 더 치열해질 수밖에 없으니까요.

하드웨어 첨단산업에 도달했지만, 급진전한 자동화로 일자리가 늘어나고 있지 않다는 말씀이신데, 그렇다면 소프트웨어 산업으로 전환하면 어떤 점이 달라지나요?

＿＿ 하드웨어 산업은 스토리텔링이 없다 보니 산업구조가 개편될 때 한번에 사라질 수도 있어요. 우리는 지금 여기 마지막 도달점에서 조금씩 후퇴하거나 제자리걸음을 반복하고 있고요. 하드웨어 첨단산업까지는 추격형 산업화가 도달할 수 있는 지점이

에요. 그런데 이것이 세계 중심부의 산업구조는 아니라는 말입니다. 바로 소프트웨어 산업이에요. 지식문화산업과 첨단하드웨어가 합쳐진 것이 중심부의 소프트웨어 첨단산업 아니겠어요? 청년실업 문제도 소프트웨어 산업과 맞물려 있습니다.

청년실업과 소프트웨어 첨단산업 문제가 어떻게 맞물려 있다는 말씀이시죠?

_____ 청년실업이 심각하다고 정부에서 대책을 내놓고 있지만, 막대한 예산을 투입해도 효용성이 별로 없어요. 구체적으로 청년실업을 들여다보면 인문·사회계열 실업이에요. 공대는 지방대도 다 취업이 되거든요. 인문·사회계열 학생 수가 훨씬 많은데 다들 수백 대 일의 공무원 시험에 목매달고 있어요. 이들이 갈 곳이 없어요. 만약 우리 사회가 산업화 시대의 하드웨어 산업에서 벗어나 소프트웨어 첨단산업 중심으로 간다면, 인문·사회계열 졸업생들도 갈 곳이 매우 많아질 겁니다. 말하자면 대전환의 문제와 맞물려 있는데요. 지방대가 이런 식으로 중심성을 가지는 것이 굉장히 중요하다고 봅니다.

좀 더 구체적으로 설명해 주실 수 있을까요?

___ 하드웨어 첨단산업까지 가려면 삼성전자처럼 수원에 엄청나게 큰 공장을 만들어야 해요. 대자본이 투입되는 어려운 일이죠. 또 지방에서는 서울로 올라가야 하고요. 그런데 소프트웨어 첨단산업은 자기가 사는 곳에서 무언가를 찾아내는 겁니다. 여러 분야를 융합해서요. 예를 들면 대구에 세계적인 명품 섬유 기업이 있다면 이공계 졸업생만 채용하지 않을 겁니다. 여러 가지를 결합해야 명품을 만들 수 있으니까요. 일자리가 생기겠죠. 풍기 인견도 유명하죠? 왜 이걸 명품 산업으로 만들지 못할까요? 여러 기술을 결합하면 될 텐데요.

그러니까 청년들이 지역사회에서 활동하는 기반을 만들어 줘야 한다는 건가요?

___ 지역에서 청년들이 스스로 중심이라고 생각할 수 있도록 지역사회가 학교의 역할을 해 줘야 하고요. 그 안에서 자신의 취향을 전개할 수 있는 영역이 넓어져야 합니다. 소프트웨어 첨단은 우리 생활 속에 있고 이것이야말로 융합을 요구해요. 이 방향으로 전환하려면 중심이 되는 지역성이 굉장히 중요한 문제가 될 것이라고 봅니다. 그러니까 산업화 시대에는 주로 중앙집중식으로 굴뚝산업에 역량을 계속해서 투입했지만, 소프트웨어 산업 시

대, 디지털 시대에는 자기가 사는 지역을 중심으로 사고하고 삶의 질과 관심사를 추구해야 여러 분야에서 융합해 새로운 것이 나온다는 말입니다. 코로나19와 같은 거대한 위험이 일상화되는 사회를 지나고 있는데요. 기본 대응은 지역 커뮤니티일 수밖에 없어요. 기본 커뮤니티가 안전망 역할을 해야 한다는 말이죠.

기이한 '공정' 외치는 청년 세대와 장년 세대의 갈등

이번에는 학생 평가 방식에 대해 이야기해 보죠. 우리나라는 시험 국가입니다. 하지만 표준화된 객관식 시험이 한 인간의 능력을 전인적으로 평가하지 못한다는 것은 이미 알려진 사실이에요. 교육계 일각에서는 수능을 단순한 자격시험으로 전환하자는 주장도 있고요, 대구시교육청 같은 경우는 프랑스 대학입학자격능력시험인 바칼로레아를 본 딴 IB(International Baccalaureate)를 추진하기도 합니다.

___ IB 도입보다는 앞서 말씀드린 것처럼 지역사회에서 감당할 수 있는 사업들이 생기면 체제가 바뀔 것이라고 봅니다. 시험이 완전히 바뀔 수는 없을 테지만 점점 비중이 줄어들겠죠. 먼저

모든 학생이 봐야 하는 수능 체제는 달라져야 할 필요가 있다고 봅니다. 우리나라 대학의 80% 정도는 학생을 보고 뽑아요. 시험도 필요 없고 수능도 의미가 없다는 뜻입니다. 그렇다면 대입자격고사도 국가가 관리하는 연합고사 수준으로 의미를 축소해야 하지 않을까요? 시험 성적을 보는 대학이 20% 정도이긴 한데요. 이 성적이 필요한 대학에는 국가가 책임지고 관리하는 연합고사로 성적을 제공하는 식이죠. 사실, 지금의 수능은 문제가 많아요. 초기에는 아이들의 사고력, 융합적 능력을 측정하기 위한 문제를 냈는데요. 이것도 장기간 시행하다보니 결국 암기 위주가 되어 버렸어요. 더 큰 문제는 수능이 EBS 교재와 연관되어 버린 겁니다. 이게 또 하나의 실질적인 교육과정이 되었어요. 그러면 학교에서는 국가교육과정을 빨리 끝내고, EBS를 몇 바퀴 돌리게 되고요. 이렇게 고등학교 교육과정이 상당한 파행을 일으키고 있는 셈이죠.

변별력을 높인다는 이유로 해마다 수능에서 이른바 '킬러 문항'이 출제되어 학생들을 곤혹스럽게 하기도 합니다.

___ 오지선다형 문제에서는 변별력을 높여야 하니까 말도 안 되게 어려운 문제를 만들지 않나요? 영어 시험의 경우 영국인에

게 풀라고 하면 못 푸는 사람이 얼마나 많은데요. 이렇게 어려운 문제를 어떻게 그 짧은 시간에 풀 수 있나요? 문제를 푸는 것이 아니라 외우게 하는 겁니다. 그런 면에서 지금 수능 체제는 문제가 많습니다. 대학 연합고사 식으로 국가가 관리하고, 서술식이나 논술형도 좀 넣어서 문항을 다양화하는 것도 방법이 될 수 있겠죠. 우리나라와 일본, 중국을 비교하면 중국의 시험 문제 유형이 가장 다양해요. 8개 중에 2개 고르는 문제도 있고, 서술식도 있고, 400자 작문도 있죠. 그런 식으로 고등학교 교육과정 안에서 출제하되, 미래 역량을 물을 수 있는 문항을 개발하는 형태로 가야 한다고 생각해요. 대입 시험에서 아이들이 자기 성장, 진로 성장 커리큘럼에 학생 개인 선택형으로 지역사회가 공공성을 담보해 준다면, 그걸 대학에서 많이 보지 않을까요? 아이들이 정말 했던 공부이고 활동이니까요.

청년 세대에서는 공정이 화두예요. 능력주의, 메리토크라시라고도 하죠. 문제는 지적 능력으로만 평가받고 엘리트 그룹으로 선별된 이들 외에 나머지 대다수는 패배자로 살게 하는 사회 구조예요. 더 무서운 건 이른바 일류대학에 입학하지 못한 아이들이 자신이 무능력해서 좋은 직장에 입사하지 못하는 걸 당연하게 받아들인다는 겁니다. 일부 학생은 그들의 노력이 있었기에 이 정도의 대접은 공정하다고 생각하죠. 앞서 다른 기관장님들께 질문도 드렸는데, 의장님 답변이 궁금합니다. 이런 기이한 공정의 출발점은 어디라고 보세요?

___   우리나라가 1990년대 후반 외환위기를 맞고 국제통화기금(IMF, International Monetary Fund)의 관리를 받아야 했죠. IMF 관리체제 이후의 시기를 어떤 상태에서 경과했는지가 40~50대와 20~30대가 굉장히 다르지 않겠어요? 저는 이 부분이 크게 작용한다고 봅니다. 지금의 40~50대들은 IMF 관리체제를 지날 때 대부분 20~30대였어요. 사회·역사적인 인식의 기반을 조금이나마 가진 상태에서 이 시기를 보냈어요. 이 체제가 우리 사회에 어떤 영향을 줬는지 깊이 있는 평가가 잘 안 나오는데요. 그전까지는 국민의 일반적 인식에서 보면 서구모델 따라가기 관성이 굉장히 강했어요. 그 안에서 미국은 늘 한국에 은혜를 베풀어 주는, 우리나라로서는 따라가야 할 선진국 모델이었거든요. 그걸 벗어나는 경험이 바로 IMF 체제입니다. 모델이었던 나라가 자본을 앞세운 무자비한 모습을 보인 거예요. 아, 미국은 결코 은혜로운 나라가 아니구나, 우리나라는 냉혹한 자본주의 정글에서 고독하게 살아남아야 하는 존재구나 자각하게 되었죠. 물론 이

세대들은 이전에 민주화 경험이 있기도 했고, 그 시기를 청년기에 겪었던 세대는 조선 시대로 보면 일종의 실학적 흐름을 형성한 시기라고 봐요.

지금의 20~30대들은 IMF 체제에서 태어났거나 어린 시절을 보낸 이들입니다.

___ 산업사회 이후 격렬해진 신자유주의적 시스템을, 전 사회적으로 압도적으로 강력한 그 물결을 파편화된 개인으로서 받아들일 수밖에 없었죠. 그렇게 IMF 시절을 보낸 아이들이 성장해 20~30대가 되었는데, 이들에게는 '마당이 기울었다'라는 거대담론식 인식이 없는 거예요. 단지 '짜인 틀 안에서 불공정한 거 아닌가', '이건 정의롭지 않다'는 세상 인식이 강하게 형성된 겁니다. 그렇게 성장한 경험들로 현실을 수용하고 그 안에서 공정을 따지다 보니 좀 인식이 좁아진 부분이 있죠. 젠더 이슈가 첨예화하는 것도, 청년실업 문제가 인문사회계열과 자연과학계열에서 갈라지는 것도 그런 맥락에서 이해할 수 있어요.

두 세대의 갈등은 어떻게 해결할 수 있을까요?

___ 해법이요? 저는 우리 사회가 좀 잘 가려면, 40~50대 세

대와 20~30대 세대 간에 세대 공감이 필요합니다. 20~30대들은 인식의 폭을 좀 넓혀야 하고, 40~50대 세대는 그렇게 갈 수밖에 없는 그 세대의 경험을 무시하지 말고 수용해 줘야죠. 사회적·역사적 인식이 없는 세대라고 말하는 순간 대화가 딱 끊기는 거거든요.

의장님께서 쓰신 「스스로를 비둘기라고 믿는 까치에게」라는 글이 떠오르네요. 아이들이 '우리'라는 가치를 생각하지 못하게 만든 경쟁교육 시스템 속에서 자라왔기 때문인 것도 같고요. 스스로 까치임을 깨닫기 위해 아이들은 어떻게 해야 할까요?

____ OECD에서 발표한 우리나라 교육에 대한 보고서 중에 인상적인 게 하나 있었어요. 이 보고서에서는 우리나라 아이들이 인터넷에서 지식을 찾아내는 능력이 굉장히 탁월한데, 인터넷에서 찾아낸 지식이 진짜인지 가짜인지 구분하는 가치 판단 능력이 굉장히 떨어진다고 지적하더라고요. 디지털 시대로 가면 갈수록 그런 가치 판단 능력은 책에서 나오지 않고 인터넷에서 찾을 수도 없어요. 기본적으로 그 아이가 살아가는 사회적 관계에서 나옵니다. 디지털 사회가 발전할수록 사회의 뿌리가 깊어야 한다는 말이죠. 바로 이 때문에 학교가 지역사회에 뿌리내리는 것이 중

요합니다. 아무리 디지털 정보가 많아져도 판단하는 능력은, 결국 그 아이가 살아가는 사회에서 구체적인 관계에서 만들어지거든요. 학교와 지역사회가 열리고, 구체적인 관계를 경험하는 일이 아이들에게 얼마나 중요한가요? 그런 경험을 통해 자신이 사는 곳이 우주의 중심이고, 자신이 그 안에서 질서를 만들어간다는 인식이 형성되겠죠. 과연 학교에서 교사가 가르친다고 형성될까요?

교육 공공성에 대한 국민적 눈높이

이번에는 교육 공공성에 대해 질문드리고 싶습니다. 유아교육 분야에서는 한유총(한국유치원총연합회) 사태가 있었고요. 일부 사립대학 중에는 이사회가 학교 운영의 전권을 쥐고 있는 문제도 있어요. 공공성, 투명성, 윤리성이 확보되지 않은 상황에서 국가 재정이 투입되는 데 국민적 분노도 큽니다. 공적 지원에 대한 기준은 어떻게 정해야 할지, 또 부실 사학 정리는 어떻게 해야 한다고 보시는지요?

_____ 고등교육 투자 확대는 대학의 공공성과 운영의 투명성 그

리고 윤리성 제고와 연계를 함께 고민해야 하는 문제입니다. 특히 대학교육의 질 제고, 프로그램 개선, 지역 기반 대학으로서 역할 개선 등을 통해 수요자 중심 체제로 전환을 꾀하는 등의 공공 책무 수행을 위한 투자는 필요하다고 봐요. 부실 사학의 경우에는 퇴로를 마련해 줄 필요가 있습니다. 부실 대학에는 경영 개선을 요구해 일정 기간 내에 이행하지 않은 대학이나 이행이 곤란한 대학의 경우 폐교를 추진해야겠죠. 폐교 및 해산법인에 대해서는 청산 비용과 교직원 체불임금 등 우선변제를 위한 지원과 폐교 자산 및 부지의 관리, 공공활용 방안을 마련해야 할 테고요.

학력 위주, 지식 중심의 교육이 되면서 체육, 음악, 미술 등 예체능 교육이 제대로 이루어지지 못하는 현실도 우려스럽습니다. '살아 있는 교육'이라고 볼 수 없죠. 미래 교육에선 달라져야 할 대목이기도 하고요.

___ 우리나라가 이제 어느 정도 경제적으로 선진국 반열에 올라섰기 때문에 충분히 할 수 있어요. 오히려 지방으로 가면 어마어마하게 큰 예술문화회관 건물이 텅텅 비어 있잖아요. 교육에 관심을 가진 지자체들을 보면 잘하는 곳이 참 많아요. 오산시의 경우는 악기박물관을 크게 지어서 학생들이 찾아와 연주하고 지

역 주민들도 즐겁게 연주회에 참여해요. 충북 지역에는 아웃도어 스쿨이 있다고 해요. 역량은 충분하다고 봅니다. 이렇게 학교가 지역으로 열리는 것이 중요하다는 이야기입니다. 폐쇄된 학교를 열면 굉장히 다양한 것들이 가능해질 수 있어요. 산업사회 시대의 경직된 구조를 벗어나야 보이는 길일 겁니다.

학교가 변해야 학생이 살아납니다. '19세기에 지어진 교실에서, 20세기에 교육받은 교사가, 21세기에 태어난 아이를 가르친다'는 말의 울림이 여전히 큰데요. 우선 미래학교의 공간적인 측면은 어떻게 변해야 할지 의장님 생각이 궁금합니다.

_____ 학교 공간에 대해서는 법도 좀 유연하게 적용되도록 진행되는 중인 것 같아요. 학교를 복합 공간으로 활용하도록 추진하는 건데요. 학교 안에 돌봄 시설도 넣고, 학교 운동장 아래에 지하 주차장도 지을 수 있도록 법적으로는 정비하는 것 같아요. 자유롭게 지역 주민들이 드나들 수 있도록요. 운동장 지하주차장이라고는 하지만 학교 내부와는 통하지 않아요. 이런 제도들이 보편화되려면 물론 지방자치와 결합되어 추후 지자체가 관리하는 방향으로 나가야겠지만요. 계속 강조해서 말씀드리지만, 학교가 지역으로 열리는 것이 굉장히 중요합니다. 산업사회에서 학교란

공간은 일종의 시간 배분이나 공간 배분을 공장노동자 양성과정처럼 해왔어요. 프랑스 철학자 미셸 푸코가 일괄감시체계라고 했던가요. 중앙에서 보면 한눈에 들어오는 구조이죠. 그런데 아이들이 살아갈 미래 중에서 공장은 AI 기계로 대체될 가능성이 큽니다. 미래 사회에서는 굉장히 자유롭게 살아가고 자기결정력이 중요한 문제가 될 텐데요. 그런 면에서 학교 시공간도 변화가 상당히 필요하다고 봅니다. 지역과 맞물려서 열리고, 학교의 고유성도 보존하면서 아이들이 생활하는 공간도 다양하게 열릴 수 있도록요. 공간은 어느 정도 이런 장벽을 깨는 시도들이 나오고 있는데, 아직 시간 배분 문제는 어려운 것 같아요.

서울시교육청의 '꿈담은교실' 사업이 공간을 고려한 부분이죠. 그런데 시간 배분 문제가 무엇인지 좀 더 구체적으로 설명해 주실 수 있을까요?

_____ 미래학교라고 하면 딱 떠오르는 곳이 창덕여중입니다. 50년 역사를 가진 학교의 허름한 부분을 리모델링했고요. 또한 최첨단 디지털 기기를 활용해 수업할 수 있도록 했죠. 이런 걸 보면 우리가 공간을 어떻게 구성해야 하는지는 어느 정도 합의되었지만 아직 이런 미래학교에서도 시간 배분이 좀 자유롭지 않더라

고요. 40분 공부하고 10분 쉬고 하는 예전 방식을 크게 탈피하지 못했지요. 물론 시간 배분에 관한 연구들이 많이 진행되고 있다고 하니 좀 더 기다려봐야겠죠.

이번에는 교사에 관해 이야기해 보죠. 지금까지 교원정책 관리의 문제점은 무엇이라고 생각하세요?

___ 교육자치, 지방자치 문제가 우선 진전되어야 한다고 생각해요. 지원청으로까지 내려가야 한다고 봅니다. 생활 단위를 그렇게 묶어야 거기서 자치가 일어날 수 있고, 자신이 어떤 지역에 속한 교사라고 생각할 수 있거든요. 지금은 그런 인식이 없어요. 일반자치를 하되 교육자치의 결합력도 계속해서 높여야 할 겁니다. 시도교육청은 전문 지원 단위로 강화하는 게 장기적으로는 맞죠. 지금은 그 제도가 막혀 있는 부분이 매우 큰데요, 이게 풀어지지 않으면 학교가 제대로 변화하기 어려울 겁니다. 산업화 시대에는 학교가 가장 앞서고 가장 많은 지식을 가진 곳이었는데, 지금은 아니에요. 기업에도 첨단 지식이 있고, 많은 경험 자원이 학교 밖에 존재하죠. 그렇다면 이런 폐쇄적인 학교를 유지하면 학교도 교사도 비판의 대상이 될 수밖에 없어요. 열린 구조로 가야 하죠.

의장님과 떼려야 뗄 수 없는 것이 바로 전국교직원노동조합(전교조)입니다. 해직교사 출신으로 교육혁신을 위해 젊은 날을 보내셨죠. 그런데 '역사의 주체'로서 시민의 역할을 강조하던 의장님 시대와 지금의 전교조는 많이 달라진 것 같아요.

_____ 시대가 요청하는 사항이 달라졌다고 볼 수 있겠죠. 1980년 대에는 교사들만의 요구가 아니라 국민의 교육적 요구를 대변하는 측면이 컸어요. 합법적이든 비합법적이든 사회적 영향력이 컸죠. 그때는 군부 정권 때여서 폐쇄되어 있던 시절이니까요. 그래서 전교조가 그렇게 체계적으로 조직되어 목소리를 내면서 교사 이상의 전반적인 역할을 할 수 있었어요. 그런데 지금은 열린 사회가 되었잖아요. 교사 자체의 목소리가 줄어드는 건 자연스러운 측면이 있죠. 자기인식만 정확하면 나쁘지 않다고 보는데요, 자기 역할을 해 가면 되니까요. 어차피 열린 사회에서는 교사 역할을 하면서 건강한 인식을 더 이야기할 수밖에 없는 수준으로 가면 된다고 봐요. 그런데 교사가 자신이 놓여 있는 현실에 비해 자신을 너무 과대하게 생각한다거나 절대선이라고 생각하면 문제가 되겠죠, 너무 독선적이 될 테니까요. 지금의 전교조는 비교적 건강한 교사를 대변하는 단체 정도로 보면 될 것 같습니다. 지금은 전교조가 아니더라도 교육에 대해 말하는 곳이 많으니까요.

학부모 역시 그들의 요구를 말할 통로가 많으니까 전교조의 역할이 좀 줄어든 것이라고 보면 되겠죠.

이번에는 학교에 늘고 있는 교사 외 인력 문제에 대해 질문드릴 게요. 그동안 학교가 교사 중심으로 운영되었다면, 지금은 돌봄 체계가 결합하면서 학교 운영 주체가 늘어난 부분도 교사에게 일정 부분 영향을 줄 것 같아요.

___ 돌봄 역시 행정 시스템이 너무 분절되어 있어서 문제입니다. 청와대 교육문화비서관으로 재직하던 때 보니 청소년 관련 업무도 여러 부처로 나누어졌더라고요. 통합해 보려고 여러 달 동분서주했는데 그때 내린 결론은 '이걸 하나로 합치느니 나라를 새로 세우는 게 낫겠다'라는 거였어요.(웃음) 분절 정도가 그만큼 심각하다는 이야기입니다. 국가교육위원회가 출범하면 아마 돌봄 체계에 대해서도 본격적인 논의가 가능할 것이라고 봐요.

외국에서는 돌봄 체계가 어떻게 되고 있나요?

___ 독일을 예로 들면, 초등학교가 저녁 일곱 시까지는 무조건 아이 돌봄을 감당해 줬어요. 교과 과정이 끝난 다음에 놀이 등 다양한 과정을 의미 있고 재미있게 진행하고요. 최근 언론 보도

에 따르면, 2026년에 입학하는 모든 아동이 5학년이 될 때까지 하루 종일 학교에서 돌봄을 실시하는 데 합의했다고 합니다. 미국, 프랑스, 캐나다, 일본 등의 나라에서 초등학교 하교 시간은 보통 3시~4시 사이에요. '방과후학교 통합형', '휴식 및 놀이 보장형' 등 다양한 돌봄 프로그램을 운영하고 있어요. 맞벌이 비중이 높은 프랑스를 비롯한 다른 유럽 국가 중에는 24시간 돌봄 체제를 운영하는 나라도 있다고 합니다. 우리나라도 이런 식으로 정비해야 하는데, 학교가 정규직으로 '9 to 7' 돌봄교사를 감당해줄 수 있을지가 선결 과제이죠. 이런 부분을 교사들과 협상해서 체계화시킬 필요가 있어요. 만약 가능하다면 유아교육과 초등교육은 돌봄을 크게 감당할 수 있을 겁니다.

교원 양성 체계도 달라질 수밖에 없겠군요.

___ 그렇습니다. 교과 영역은 교사에게 배워야 하지만 그 외에 감당할 수 있는 다양하고 재미있는 프로그램을 개발할 수 있다면, 그런데 이 부분도 교육대학이 감당해야 한다면 체제 변화가 매우 크게 일어나야 하겠죠? 아마 다음 정부에서는 가능하다고 보는데요. 학령인구가 너무 급감하는 상황이다 보니 교대는 위기에 처할 수밖에 없잖아요. 경제협력개발기구(OECD) 기준으

로는 교사 1인당 학생 15명인데요. 이렇게 되면 몇 년 뒤에는 신규 교사를 뽑을 수도 없어요. 그러지 말고 '9 to 7'으로 하자는 것이죠. 교과담당 교사와 그다음을 담당하는 교사를 뽑을 수도 있고요. 이런 부분을 고민해서 교대가 커리큘럼을 변경하고 신규 교사 인력을 양성하자는 겁니다. 이렇게 방과후를 담당하는 교사는 지방직으로 채용할 수 있을 텐데요. 이 방법이 가능하면 교대 역시 지역성을 갖게 되고, 이 부분이 풀리면 돌봄 문제도 상당 부분 해결될 것이라고 봐요. 나머지는 지자체에서 24시간 돌봄 체계를 갖추라고 한다면 명료하게 해결될 일이죠.

학교 밖 아이들에 대한 돌봄 문제도 있습니다.

＿＿＿ 학교 밖 청소년 센터가 많죠. 사회복지사들이 있긴 하지만 그분들에 대한 처우도 몹시 열악합니다. 그래서 같은 뜻을 가진 분들과 함께 교사 교육 프로그램을 많이 진행했어요. 디지털 시대의 산업구조에 가장 잘 적응할 수 있는 가족 형태는 1인 가족입니다. 그리고 실제로 1인 가족화가 굉장히 빠른 속도로 진행되고 있어요. 전통적인 혈연가족은 해체되고 있는데 계속해서 이런 상태로 간다면 우리 사회에 고독사가 점점 많아질 겁니다. 그랬을 때 사회가 지속 가능하기 위해서는 새로운 가족 형태를 모색

해야 하지 않을까요?

의장님 교육 철학에서 '유령'이라는 키워드가 있더라고요. 이를 '헝겊원숭이'로 비유하기도 하셨고요. 학교 밖 아이들의 돌봄 측면에서 설명해 주실 수 있을까요?

＿＿＿ 학교 밖 청소년 센터에서 사회복지사들이 돌보는 가족을 보면 거의 가족이 해체된 가정의 아이들이 대부분이에요. 헝겊원숭이는 심리학자들의 실험에서 나온 거예요. 한쪽은 철사로 어미 원숭이 모형을 만들고, 다른 한쪽은 헝겊으로 어미 원숭이를 만들어서 둘 다 가슴에 우유병을 달아 두었죠. 새끼 원숭이가 어떤 원숭이에게 가서 우유를 먹나 봤더니 죄다 헝겊원숭이에게만 가는 거예요. 헝겊원숭이의 우유병을 빼면 우유 먹을 때만 철사원숭이에게 가고, 다 먹고 나면 헝겊원숭이한테 가서 몸을 비비면서 어리광을 피웠습니다. 헝겊원숭이가 바로 사회적 가족의 상징인 셈이죠. 그래서 헝겊원숭이 운동을 해 보자고 한 겁니다. 40~60대들이 한 달에 1만 원, 2만 원씩 내서 그 지역의 20~30대 지역 활동가들을 지원하는 방식이죠. 그러면 20~30대들이 10대 아이들을 돌보기도 하고요. 그렇게 한 지역에서 사회적 가족의 연대가 일어나게 만들어 보자는 취지였어요.

실제 그런 사례들이 있었나요?

___ 군포 대아미 마을처럼 몇 군데에 그런 모임이 생겨났어요. 어쨌든 앞으로 이런 사회적 가족 개념에 대한 고민이 본격적으로 일어나야 할 것 같습니다. 그렇지 않으면 지속 가능한 사회가 될 수 없으니까요. 고독사한 청년을 가족이 발견하는 게 아니라 전기세 납부 독촉 고지서를 안내하러 갔다가 발견하는 시대예요. 기존 가족 관계가 무너져 가고 있는 지금, 새로운 가족의 연대도 필요하다는 말이죠. 학교 밖 청소년 센터의 사회복지사가 아이들에게 스스로를 사회적 엄마라고 하는 것처럼요. 그런 일들이 앞으로 더 많이 필요할 것이라고 봅니다.

미래의 인재상에 대해 질문드리고 싶어요. 지식 암기형 인재보다는 융합형 인재가 미래형 인재라는 지적도 많습니다. 국가교육회의에서 논의된 내용 중 융합형 인재 양성을 위한 국민의 제안이 있었는지 궁금하네요.

___ 2021년 '국가교육과정 개정을 위한 사회적 협의' 대국민 설문 결과를 보면, 미래 인재상에서 담아야 할 중요한 가치 중에 가장 높은 것이 바로 '배려'(22.4%)입니다. 그다음으로 '책임감', '창의' 순으로 높게 응답했어요. 또 학교에서 강화해야 할 교육으

로는 '인성교육', '독서, 글쓰기 등 인문학적 소양교육', '진로직업교육' 순으로 응답했고요. 이 설문 결과를 가지고 토론하면서 도출된 결론이요? 국민은 교육에서 배려, 책임감, 창의력, 문제 해결, 주도성이라는 가치를 지향해야 한다고 생각하고 있다는 겁니다. 또한, 국가가 요구하는 '인재상'보다는 개인과 공동체의 행복을 균형 있게 추구하는 '인간상'을 제안했어요. 이미 아이들과 학부모, 교사들은 바뀌고 있습니다. 낡은 산업화 시대의 학교 시스템을 삶의 질 향상을 위한 역량 중심 학습 체제로 구축하고, 분절형 교육시스템에서 생태계형 교육시스템으로 전환하는 과제만 남은 상황이에요.